INTRODUÇÃO ao ESTUDO da LIBRAS

Conselho Acadêmico
Ataliba Teixeira de Castilho
Carlos Eduardo Lins da Silva
Carlos Fico
Jaime Cordeiro
José Luiz Fiorin
Tania Regina de Luca

Proibida a reprodução total ou parcial em qualquer mídia
sem a autorização escrita da editora.
Os infratores estão sujeitos às penas da lei.

A Editora não é responsável pelo conteúdo deste livro.
Os Autores conhecem os fatos narrados, pelos quais são responsáveis,
assim como se responsabilizam pelos juízos emitidos.

Consulte nosso catálogo completo e últimos lançamentos em **www.editoracontexto.com.br**.

Ronice Müller de Quadros
Rodrigo Nogueira Machado
Jair Barbosa da Silva

INTRODUÇÃO ao ESTUDO da LIBRAS

Copyright © 2022 dos Autores

Todos os direitos desta edição reservados à
Editora Contexto (Editora Pinsky Ltda.)

Foto de capa
Dynamic Wang em Unsplash

Montagem de capa e diagramação
Gustavo S.Vilas Boas

Preparação de textos
Lilian Aquino

Revisão
Daniela Marini Iwamoto

Dados Internacionais de Catalogação na Publicação (CIP)

Quadros, Ronice Müller de
Introdução ao estudo da Libras / Ronice Müller de Quadros,
Rodrigo Nogueira Machado, Jair Barbosa da Silva. –
São Paulo : Contexto, 2025.
240 p.

Bibliografia
ISBN 978-65-5541-637-4

1. Língua brasileira de sinais – Estudo e ensino
2. Linguística 3. Língua brasileira de sinais – Gramática
I. Título II. Machado, Rodrigo Nogueira
III. Silva, Jair Barbosa da

24-5810   CDD 419

Angélica Ilacqua – Bibliotecária – CRB-8/7057

Índice para catálogo sistemático:
1. Língua brasileira de sinais – Estudo e ensino

2025

EDITORA CONTEXTO
Diretor editorial: *Jaime Pinsky*

Rua Dr. José Elias, 520 – Alto da Lapa
05083-030 – São Paulo – SP
PABX: (11) 3832 5838
contato@editoracontexto.com.br
www.editoracontexto.com.br

Sumário

APRESENTAÇÃO 7

ESTUDOS GRAMATICAIS DAS LÍNGUAS DE SINAIS 11

FONÉTICA E FONOLOGIA 23
    Fonética e fonologia das línguas de sinais 24
    Fronteira entre fonologia e morfossintaxe 39
    Reflexões finais 45

MORFOLOGIA 47
    A Morfologia e seus objetivos 48
    As unidades morfológicas 53
        Sinais e morfemas 57
    Processos morfológicos 59
        A formação de sinais 60
    Classificadores 72
    Reflexões finais 77

SINTAXE 79
    A sintaxe espacial 80
    A estrutura da frase 84
    A composição das unidades oracionais complexas 97
    Reflexões finais 105

SEMÂNTICA 107
    A Semântica e seus objetivos 109
    Semântica e línguas de sinais 113
        Categorias semânticas 122
        Iconicidade 128
    Reflexões finais 131

PRODUÇÃO DE TEXTOS 133
    O que é texto 134
    Coesão 136
    Coerência 144
    Aspectos da oralidade e da escrita 147
    Reflexões finais 151

ASPECTOS SOCIOLINGUÍSTICOS 153
    Sociolinguística das línguas de sinais no Brasil 155
    Contatos linguísticos 158
        Bilinguismo 161
        Empréstimos linguísticos e modalidades linguísticas 162
    Variação linguística e mudança 170
        Variação linguística 171
        Mudança linguística 173
    Reflexões finais 179

AQUISIÇÃO DE LÍNGUA DE SINAIS POR SURDOS 181
    Privação da linguagem 184
    As etapas de aquisição da língua de sinais como L1 188
    Bilinguismo em surdos 193
        A constituição bilíngue dos surdos 193
        A educação bilíngue de/para surdos 206
    Algumas sugestões de práticas pedagógicas visuais 214

REFLEXÕES FINAIS 219

Notas 221
Bibliografia 225
Os autores 237

Apresentação

Esta *Introdução ao estudo da Libras* é essencial para o leitor interessado em conhecer o campo da Linguística das línguas de sinais. Escrito por Ronice Müller de Quadros, Rodrigo Nogueira Machado e Jair Barbosa da Silva, professores e pesquisadores que desenvolveram relevantes contribuições para a área, este livro oferece uma análise detalhada e abrangente de diversos aspectos da Língua Brasileira de Sinais (Libras). Para esta empreitada, os autores utilizaram-se de *corpora* consolidados por universidades públicas federais, em especial, as respectivas instituições às quais são filiados – Universidade Federal de Santa Catarina, Universidade Federal do Ceará e Universidade Federal de Alagoas – que têm sido fundamentais no fomento a novas pesquisas sobre Libras.

As pesquisas confluem na descrição linguística e na exploração de *corpora*, utilizando princípios, ferramentas e diferentes recursos, a partir de determinados recortes e tendências teóricas. Diversas publicações, na forma de artigos ou capítulos de livros, dissertações de mestrado e teses de doutorado, contribuíram para a elaboração do presente livro. Inspirados na experiência positiva de um trabalho anterior no ensino nos cursos de Letras Libras e nas pesquisas desenvolvidas no âmbito dessas universidades, os autores consolidaram este livro.

A partir da sensibilização para a observação e percepção de fatos linguísticos, formulação de hipóteses, compilação de *corpora*, levantamento e sistematização de dados, a obra constrói um caminho para a pesquisa exploratória, que toma como base para análises usos linguísticos de surdos que compõem o *Corpus* de Libras, importante banco de dados elaborado pelas universidades a que os autores estão vinculados.

Além de fornecer noções básicas de análise e exemplos da estrutura da Libras, os autores buscam desenvolver nos estudantes uma sensibilidade aos fenômenos linguísticos, capacitando-os a identificar e analisar dados linguísticos de maneira crítica. O livro está organizado a partir dos seguintes tópicos:

- **Estudos gramaticais das línguas de sinais:** evolução e consolidação dos estudos gramaticais, focando na prova do estatuto linguístico.
- **Fonética e fonologia:** fonética e fonologia das línguas de sinais, incluindo a interface com a morfossintaxe.
- **Morfologia:** unidades morfológicas, formação de sinais e classificadores.
- **Sintaxe:** estrutura frasal, sintaxe espacial e unidades oracionais complexas.
- **Semântica:** objetivos, categorias semânticas e iconicidade.
- **Produção de textos:** coesão, coerência, oralidade e escrita.
- **Aspectos sociolinguísticos:** sociolinguística no Brasil, bilinguismo, variação e mudança.
- **Aquisição de língua de sinais por surdos:** etapas de aquisição, privação de linguagem e educação bilíngue.

Os capítulos visam proporcionar aos alunos uma formação sólida em gramática, servindo como uma excelente porta de entrada para os estudos linguísticos. Acredito que essas investigações podem contribuir para potenciais avanços na área de estudo ou na compreensão de determinado fenômeno linguístico.

Este livro é um marco para os estudos de Libras, servindo tanto como uma referência teórica para acadêmicos, quanto como um guia prático para profissionais de ensino da Libras e tradução e interpretação de línguas de sinais. Baseado em dados do Inventário Nacional de Libras, o livro não apenas aprofunda o conhecimento sobre a gramática da Libras, mas também valoriza e promove o reconhecimento das línguas de sinais como línguas completas e independentes.

Além disso, os autores discutem o registro em vídeo e a escrita em Libras, que são fundamentais para avançar a análise do fenômeno linguístico, inclusive apresentando descrições de elementos das línguas de sinais. São reflexões de ordem linguística que integram a vida dos surdos, enquanto alunos e profissionais da área; a exemplo, um surdo disse: "É difícil descrever a minha própria língua em português, é esquisito; gostaria de poder descrever apenas usando sinais escritos". Assim, o registro da Libras, seja em uma escrita de sinais ou em vídeo, torna-se importante para a salvaguarda da própria língua, bem como para os usos da língua.

Introdução ao estudo da Libras é uma leitura indispensável para estudantes, pesquisadores, intérpretes e tradutores e profissionais interessados na Linguística das línguas de sinais. Através desta obra, os autores contribuem significativamente para o fortalecimento e a valorização das línguas de sinais no cenário acadêmico e social.

Desejamos a você uma leitura agradável e enriquecedora!

Marianne Rossi Stumpf
UFSC

Estudos gramaticais das línguas de sinais

Os estudos gramaticais das línguas de sinais apresentam uma trajetória que leva à sua consolidação em vários países. Inicialmente, eles eram voltados à preocupação de apresentar evidências sobre o estatuto das línguas de sinais, no sentido de provar que tais línguas deveriam ser reconhecidas enquanto língua natural (a exemplo, citamos Stokoe, 1960; Klima e Bellugi, 1979). Tais pesquisas apresentam elementos linguísticos que constituem as línguas de sinais a partir de estudos com a Língua de Sinais Americana (ASL). Stokoe (1960) apresentou uma análise das unidades "fonológicas" que compreendiam os sinais. Este autor abre a discussão do alargamento da compreensão sobre o que é fonologia não apenas a partir de elementos fonoarticulatórios para produção de sons que formam os fonemas nas línguas, mas também a partir de elementos articulatórios visuais-espaciais, os quais referiu como "queremas", estabelecendo a "Querologia" de forma análoga à "Fonologia".

No entanto, os linguistas de línguas de sinais, na sua grande maioria, continuaram a usar o termo "Fonologia" compreendendo a área que envolve unidades articulatórias independentemente da forma para serem combinadas e formar palavras. Assim, a Linguística começa a incorporar os estudos das línguas de sinais em seu campo de investigação que tem como objeto as línguas humanas. Klima e Bellugi (1979) avançam para análises no campo da Morfossintaxe, apresentando a constituição dos elementos com significado que compõem os sinais. Além das análises propriamente linguísticas, os autores também avançam nos estudos psicolinguísticos, trazendo evidências quanto ao estatuto linguístico a partir da cognição e de atividades cerebrais. Já naquela década, trouxeram evidências de que mecanismos gramaticais eram processados no lado esquerdo do cérebro. Por outro lado, nesses estudos, Klima e Bellugi também observaram impacto da modalidade visual-espacial nas atividades cerebrais, verificando que elementos espaciais constitutivos das línguas de sinais também são processados no lado direito do cérebro. Esses autores identificaram, ainda, que o processo de aquisição da ASL com bebês surdos, filhos de pais surdos (ou seja, com interação na ASL desde o nascimento), acontecia de forma paralela ao processo de aquisição da linguagem em crianças ouvintes em suas famílias ouvintes expostas a uma língua desde o nascimento.

Tais estudos são exemplos de pesquisas que tinham um compromisso de evidenciar o estatuto linguístico das línguas de sinais, tanto do ponto linguístico como em um nível psicolinguístico. A Linguística, de modo geral, estava ocupada com este objetivo de "provar" que línguas de sinais eram efetivamente línguas. Veja o comentário de Jackendoff (1994):

> A coisa mais importante que quero destacar é que a ASL é uma língua. Claro, parece que ela é completamente diferente das línguas com as quais estamos familiarizados, como o inglês, o russo, e o japonês. É que a transmissão não acontece pelo trato vocal, criando sinais acústicos detectados pelos ouvidos do receptor. Ao invés disso, os gestos do falante criam sinais detectados pelo sistema visual do receptor. [...] O sistema periférico é diferente, mas o trabalho inerente é exatamente o mesmo. (Jackendoff, 1994: 83; tradução nossa)[1]

No mundo, os estudos de diferentes línguas de sinais começam a ser estabelecidos. Na década de 1980, aconteceram os primeiros encontros formais de linguistas de línguas de sinais na Europa e Estados Unidos. Estabelece-se, por exemplo, um dos eventos mais importantes sobre investigações de línguas de sinais, o Congresso de Estudos Teóricos de Línguas de Sinais (Theoretical Issues in Sign Language Research Conference – TISLR). O termo *theoretical*, de certa forma, reflete o movimento da época para estabelecer os estudos das línguas de sinais no campo da Linguística, pois os pesquisadores queriam mostrar para o mundo que era possível fazer teoria linguística a partir das línguas de sinais. Na Sociedade Linguística da Línguas de Sinais (Sign Language Linguistics Society – SLLS), há um histórico dos eventos realizados que evidenciam o desenvolvimento das pesquisas com diferentes línguas de sinais (SLLS, https://slls.eu/tislr-conferences/).

Em 2006, ocorreu a 9ª edição do TISLR, no Brasil, na Universidade Federal de Santa Catarina, em Florianópolis. O Brasil também se insere nesse movimento internacional a partir de estudos linguísticos que datam da década de 1980, publicados no formato de um livro por Lucinda Ferreira-Brito em 1995 [2010].[2] Estes estudos iniciais também apresentam o compromisso de evidenciar o estatuto linguístico intrínseco à Libras, assim como a outras línguas de sinais e línguas faladas. Libras é língua! Nas décadas de 1980 e 1990, os surdos representados pela Federação Nacional de Educação e Integração de Surdos (Feneis) incorporam o discurso relativo à Libras como língua a partir de evidências linguísticas, assim como se integrando à agenda da Federação Mundial de Surdos (WFD, na sigla em inglês). Vemos aqui que os movimentos sociais integram os resultados das pesquisas no sentido de fortalecerem suas reivindicações de reconhecimento de suas línguas de sinais. No mesmo ano em que o TISLR aconteceu no Brasil, em 2006, tivemos o primeiro curso de Letras-Libras criado no país (Quadros, 2014). A partir desse ano, consolidamos a área dos estudos da Libras, pois os próprios formandos do curso, juntamente com outros linguistas, começaram a encabeçar as produções acadêmicas envolvendo a Libras, inclusive com protagonistas surdos.

A questão da modalidade visual-espacial com produção gestual reaparece ao longo da história, mas é, de certa forma, deixada de lado, pois poderia atrapalhar o reconhecimento do estatuto linguístico das línguas de sinais. Klima e Bellugi (1979) atentaram para a questão do processamento gestual acontecer no lado direito do cérebro, que a princípio não seria responsável pelo processamento da linguagem humana. Os autores trouxeram esse elemento como evidência de que a ASL apresentaria elementos visuais-espaciais que não eram gramaticais integrantes da sua forma visual-espacial, mas que, por outro lado, vários elementos linguísticos estariam sendo processados no lado esquerdo do cérebro, comprovando o estatuto de língua humana. Ao longo dos anos, o reconhecimento das línguas de sinais foi estabelecido. Dificilmente um linguista contesta o estatuto linguístico dessas línguas. Assim, a questão dos efeitos da modalidade visual-espacial foram recebendo a devida importância, especialmente nas últimas décadas (Lillo-Martin, 2002; Meier, 2002; Quadros, 2006). Alguns autores ainda foram mais comedidos, trazendo a questão da modalidade visual-espacial como algo à parte. Por exemplo, segundo Brentari e Padden (2001), o quadro da constituição lexical das línguas de sinais compreende partes nativas e não nativas:

Figura 1 – Formação do léxico da Libras

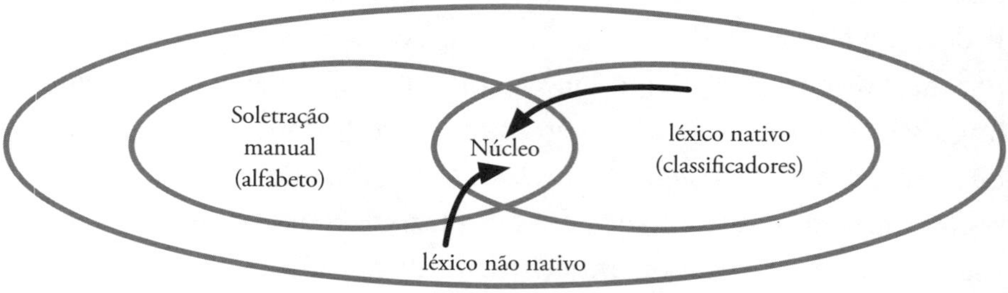

Fonte: Quadros e Karnopp, 2004: 88 (com base em Brentari e Padden, 2001).

A parte referente ao léxico nativo envolve os chamados "classificadores", que são sinais icônicos. O fato de as línguas de sinais serem percebidas visualmente a partir do uso do corpo favorece uma produção mais icônica. Iconicidade envolve formas que lembram o significado, ou seja, são formas que apresentam motivação representadas corporalmente remetendo ao significado de forma mais óbvia. Parece que realmente isso é mais natural acontecer por meio das articulações motoras que representam tais formas no espaço de sinalização. Isso se aplica aos "classificadores", por serem formas produzidas pelas mãos que representam as formas de entidades ou objetos. Taub (2004) apresenta o exemplo do sinal LIVRO, que é o mesmo em várias línguas de sinais, com as mãos representando o livro que se abre. Na Libras, este sinal é diferente, pois já passou por vários processos morfológicos. Atualmente, o sinal mantém a mão base, que é um morfema preso, e "folhear" as páginas do livro com a outra mão indicando o folhear as páginas, com duas variantes possíveis, uma utilizando a mão aberta e a outra o dedo indicador na configuração de mão em L, um sinal que apresenta a inicial da letra da palavra do português, provavelmente em função do contato da Libras com esta língua. O morfema preso é usado para vários sinais com o significado de folha de papel: mão aberta com a palma virada para cima representando a folha, uma superfície lisa e plana. Apesar dos processos gramaticais aplicados ao sinal LIVRO em Libras, ainda assim é considerado um sinal com motivação icônica.

Figura 2 – LIVRO

Fonte: Quadros, 2023.

Taub (2002) apresenta a propriedade de "transparência" como base da iconicidade nas línguas. No caso das línguas de sinais, a transparência é mais óbvia porque está percebida visualmente indicando uma conexão entre a forma (imagem) e seu significado (o que realmente é).

O núcleo do léxico das línguas de sinais compreende os demais sinais que são palavras, a princípio, mais arbitrárias (mais convencionalizadas). Estas duas partes – léxico nativo e não nativo – constituem o repertório lexical das línguas de sinais juntamente com a soletração manual ou datilologia, que representa empréstimos da língua oral – no caso do Brasil, do português. A forma como estão organizados os sinais que compreendem as línguas de sinais de certa forma reflete uma tentativa de deixar evidente que o componente "linguístico" está presente, independentemente de outras coisas consideradas estranhas à Linguística.

Para nós, hoje em dia, essas separações já não são tão relevantes, pois tais itens lexicais são linguísticos, mesmo que tenham motivação icônica. Iconicidade, aos poucos, começa a ser reconhecida como constitutiva da linguagem humana. Estamos vivendo um momento no qual as línguas de sinais já integram os estudos linguísticos. Assim, nós, linguistas, estamos mais à vontade para discutir tudo que compreende as línguas de sinais. Os elementos que são processados do lado direito e do lado esquerdo do cérebro integram a linguagem humana, evidenciando que nós, seres humanos, produzimos línguas como parte da natureza humana.

No Brasil, a maioria dos linguistas surdos não vê dicotomia entre gesto e sinal, nativo e não nativo, não linguístico e linguístico. A Linguística avança no sentido de compreender as línguas de sinais como manifestações linguísticas incluindo características específicas da modalidade visual-espacial. A iconicidade manifestada na Libras é traduzida como vernácula no cenário das artes surdas, o que na verdade evidencia a base das línguas de sinais (Ortega, Sümer e Özyürek, 2017; Perniss, Thompson e Vigliocco, 2010; Sandler e Lillo-Martin, 2006).

Meier (2002) identifica propriedades compartilhadas pelas línguas de sinais e línguas faladas. Entre elas, destaca: (1) o fato de ambas contarem

com um componente lexical com itens convencionalizados; (2) a propriedade da dualidade contando com unidades de significado construídas de
unidades sublexicais sem significado (som e gesto); (3) a produtividade,
ou seja, as línguas de sinais e as línguas faladas sempre estão sendo am-
pliadas em termos de vocabulário, morfologia derivacional, composição,
empréstimos; (4) a estrutura sintática contando com categorias, tais como
substantivos, verbos e adjetivos; a possibilidade de compor unidades
oracionais complexas (coordenadas, subordinadas, encaixadas); riqueza
na concordância verbal e uso do espaço que licenciam argumentos nulos
e flexibilizam a ordem sintática; (5) a aquisição que acontece de forma
similar entre crianças surdas e ouvintes expostos às respectivas línguas
nas mesmas fases de aquisição.

Por outro lado, há propriedades que parecem específicas às línguas
de sinais. Segundo Meier (2002), há diferenças articulatórias, diferenças
nas propriedades perceptuais, grande potencial do sistema visual-gestual
icônico e/ou representações indexicais.

Quadros (2006) apresenta alguns efeitos de modalidade identificados em estudos linguísticos de línguas de sinais. Tais efeitos decorrem
do fato das línguas de sinais serem produzidas no corpo, por meio das
mãos, e de marcadores não manuais por meio de expressões faciais e
movimentos da cabeça e do torso. São línguas produzidas no espaço
em torno do sinalizante e são percebidas pelo canal visual. Assim, a
modalidade visual-espacial é diferente da modalidade oral-auditiva,
que é a base das línguas orais. Um dos aspectos identificados como
essencialmente parte das línguas de sinais foi abordado por Padden
(1988). A autora analisou o uso do espaço nas línguas de sinais, o que
envolve não somente uma entidade semântica, mas também um espaço
mental. Os pontos estabelecidos no espaço de sinalização representam
aspectos linguísticos que são incorporados ao longo do discurso, como
concordância verbal (Quadros, 1997) e coesão textual (Soares, 2020;
Quadros, 2021a), e são constituídos por meio de diferentes mecanismos
gramaticais que usam as mãos, o corpo, a direção do olhar e passam
a constituir a base da referência na Libras por meio da apontação ou
produção dos sinais sobre tais pontos, incorporando-os nos sinais

produzidos. A correferência realizada pela incorporação ou indicação de cada ponto estabelece a coesão espacial.

Os estudos gramaticais da Libras integram os estudos linguísticos das línguas de sinais. Há um diálogo entre os pesquisadores brasileiros e estrangeiros no sentido de constituir estudos que contribuam para o conhecimento linguístico das línguas de sinais, assim como para a área da Linguística como um todo.

Nos últimos anos, os estudos voltaram-se para os usos, cujas investigações estão utilizando os *corpora* de línguas de sinais. No Brasil, constituímos o *Corpus* de Libras a partir de 2014. Iniciamos com um piloto financiado pelo CNPq no estado de Santa Catarina. Definimos os objetivos e a metodologia para estabelecer um Inventário Nacional de Libras. A partir do piloto, realizamos uma segunda etapa já com ajustes na proposta inicial e começamos a replicá-la no país. Atualmente, contamos com os estados de Alagoas, Ceará, Tocantins e Acre integrando o *Corpus* de Libras, do projeto do Inventário Nacional de Libras, que referimos como INDLibras. Esta referência está vinculada ao Inventário Nacional da Diversidade Linguística (INDL), que foi estabelecido pelo Ministério da Cultura, no Instituto do Patrimônio Histórico e Artístico Nacional (Iphan).

O Iphan estabeleceu o INDL com uma proposta metodológica divulgada por meio de dois guias, Guia do INDL (Iphan, 2012). O INDL resulta do Decreto 7.387/2010, que institui o inventário de línguas, um instrumento de identificação, documentação, reconhecimento e valorização das línguas brasileiras. A proposta do INDL é inventariar as línguas brasileiras no sentido de garantir a memória, a história e a identidade dos grupos que as compõem, passando a considerar cada língua como referência cultural brasileira, por meio do seu patrimoniamento.

Assim, nos inserimos nesta proposição do Iphan e estabelecemos o Inventário Nacional de Libras, cujo objetivo é incluir produções de Libras de todo o país e também um conjunto de produções de 35 surdos de referência indicadas pelas comunidades surdas brasileiras, seguindo, portanto, a metodologia do INDL.[3] Esta documentação está sendo realizada de forma progressiva, objetivando mapear aspectos sociolinguísticos e linguísticos, com dados sobre essa língua para fins de interesse social, cultural, político, educacional e científico. Como apontado por Quadros et al. (2020: 5472), o

> Inventário Nacional de Libras consolida a Libras como língua que compõe o patrimônio da diversidade linguística brasileira. As pesquisas desdobradas deste Inventário Nacional fortalecem a valorização da Libras, assim como subsidiam as políticas linguísticas brasileiras e a produção em Libras que pode ser usada para fins de pesquisa e para fins educacionais.

O Inventário Nacional de Libras está possibilitando vários estudos sobre a Libras em diferentes universidades brasileiras e, inclusive, fora do país. Tais estudos foram reunidos em duas versões da *Gramática da Libras*. A primeira delas, publicada em 2021, uma versão em Libras com tradução simultânea (Quadros, 2021b) para o português, e a segunda em 2023, uma versão impressa em dois volumes (Quadros et al., 2023a). Na versão em Libras, o formato em videolivros é uma obra produzida pelos próprios pesquisadores. O objetivo foi falar da Libras em Libras. O volume compreende a apresentação de um histórico sobre a Libras e as comunidades surdas brasileiras, a apresentação de estudos linguísticos iniciando com a formação dos sinais, passando por vários elementos que constituem os sinais, o uso de classificadores, a terminologia e a variação lexical; então, passa-se para o nível de formação da sentença, considerando desde orações mais básicas até mais complexas; avança-se para o nível discursivo e literário e apresenta um mapeamento de produções de pesquisas com Libras de 2002 a 2020. Em 2023, os estudos passam a incorporar produções de 35 pesquisadores, apresentando um mapeamento gramatical da Libras em diferentes níveis de análise, de forma mais detalhada, com base nos dados do Inventário Nacional de Libras, surdos de referência. Pela primeira vez, contamos com análises fundamentadas nos usos da Libras, avançando em relação aos estudos linguísticos dessa língua.

Esses estudos resultam na documentação da Libras, que objetiva a salvaguarda da Libras por meio do registro dessa língua com produções dos próprios surdos e pesquisas linguísticas. Os estudos conduzidos nas pesquisas envolvendo o *Corpus* da Libras no sentido de documentá-la precisam sempre estar atentos às questões éticas. Quadros et al. (2020) apresentam princípios que devem ser observados quando decidimos trabalhar com a Libras, pois ela envolve as comunidades surdas e, por isso, quaisquer pesquisas com a Libras precisam ser conduzidas pelos surdos, para os surdos e com pessoas surdas. Nós sabemos que pessoas ouvintes também pesquisam as línguas de sinais. No entanto, observamos que é fundamental ter surdos participando das pesquisas. Assim, temos conduzido os estudos com a Libras sempre atentando para a presença de pesquisadores surdos. Ainda sobre a documentação de línguas de sinais, os autores observam que é fundamental ter clareza sobre os objetivos da pesquisa, compreendendo o porquê e para que realizá-la, considerando-se especialmente os interesses das comunidades surdas, e também discutem princípios éticos abordados por Harris, Holmes e Mertens (2009), evidenciando o respeito aos valores linguísticos, culturais, sociais, morais, religiosos, assim como costumes das comunidades surdas envolvidas; a garantia de que as pesquisas produzam benefícios para as pessoas dessas comunidades; a consideração à diversidade; e o fato de que as pesquisas com surdos precisam ser feitas com os próprios surdos. Tais aspectos levam à discussão sobre os papéis dos pesquisadores ouvintes, cuja presença é importante na medida em que contribuem efetivamente para o reconhecimento e a valorização das comunidades surdas. Assim, as questões levantadas pelas pesquisas devem servir aos anseios dessas comunidades, caso contrário, não são bem-vistas pelos surdos. Vários relatos de surdos abordam a exploração deles por pesquisadores ouvintes. Mesmo que não seja a intenção de tais pesquisadores, isso acontece e precisa ser revisto observando os princípios éticos apresentados. Assim, a motivação de uma pesquisa com línguas de sinais precisa partir das razões que subsidiem os interesses das respectivas comunidades de tais línguas.

Considerando isso, este livro visa compartilhar pesquisas que temos realizado a partir do Inventário Nacional de Libras, que integra o *Corpus* de Libras. Tais pesquisas sempre incorporam pesquisadores surdos, mesmo com a presença de pesquisadores ouvintes. A exemplo, neste volume, Jair Barbosa da Silva e Ronice Müller de Quadros são ouvintes, e Rodrigo Nogueira Machado é surdo. Trabalhamos juntos na constituição do Inventário Nacional de Libras em diferentes estados, Santa Catarina, Alagoas e Ceará, respectivamente. Esta publicação representa uma forma ética de disponibilizar estudos sobre a Libras, no sentido de disseminar conhecimentos na sociedade brasileira, especialmente entre professores em formação, da Libras e de outras áreas de ensino. Buscamos aqui contemplar análises sobre a Libras e seus usos para o leitor da área de Letras-Libras, licenciaturas e leitores que estão aprendendo a Libras.

Fonética e fonologia

A Fonética e a Fonologia são áreas que têm sido exploradas nos estudos das línguas de sinais. A terminologia envolvendo tais campos da Linguística recebe contestações por parte de alguns linguistas mais tradicionais por remeterem às unidades sonoras. Stokoe (1960) foi um dos primeiros a estudar uma língua de sinais, sendo, de certa forma, sensível às inquietações desses campos de investigação. O autor inaugurou os estudos das unidades mínimas da Língua de Sinais Americana (ASL), propondo uma nova terminologia aplicada às línguas gestuais-visuais, cunhando o termo "Querologia", análogo à "Fonologia", e o termo "querema", análogo à "fonema". Os termos estabelecem uma relação com a produção manual-gestual. Nesse sentido, a Querologia estuda as unidades mínimas das línguas de sinais. Stokoe propõe o sistema querológico da ASL, integrando as configurações de mão, as localizações e os movimentos das mãos. Nessa primeira proposta, as configurações de mãos são as formas manuais usadas para compor sinais, as locações são onde os sinais produzidos e os movimentos estão associados a esses sinais. Cada um isoladamente não contaria com significado associado, configurando queremas que são a base para a formação dos sinais manuais.

Os termos "fonética" e "fonologia" passam a ser compreendidos de forma conceitual, abstraindo-se a modalidade das línguas, referindo-se aos aspectos físicos, articulatórios, perceptuais e como isso vai distinguir significado dentro do sistema linguistico, independentemente de ser uma língua visual-espacial ou oral-auditiva. Desse modo, as produções que utilizam gestos, ou seja, na modalidade visual-espacial, passaram a ser tratadas no campo linguístico, no campo da Fonética e da Fonologia, mesmo com formas gestuais.

Neste capítulo, portanto, trazemos alguns estudos sobre fonética e fonologia das línguas de sinais, em especial sobre tais estudos focados na Libras.

FONÉTICA E FONOLOGIA DAS LÍNGUAS DE SINAIS

O sistema articulatório das línguas de sinais utiliza o corpo para a produção de sinais e sentidos. A cabeça, a face, o torso, os braços, as mãos e os dedos são articulados para produzir as palavras utilizando localizações específicas e movimentos em sua composição. Tais articulações estão listadas por meio de um conjunto de itens que compreendem o sistema fonológico de uma determinada língua de sinais. As línguas de sinais se manifestam por meio da luz e são percebidas visualmente, diferentemente das línguas faladas que se manifestam pelo som e são percebidas auditivamente (Crasborn, 2012). Considerando a manifestação visual das línguas de sinais, Siple (1978) identificou o campo visual como central, evolvendo uma pequena área de processamento de detalhes (normalmente próxima à face), e periférica, envolvendo uma área maior para percepção dos movimentos (sinais produzidos mais distantes do rosto). Com isso, a articulação dos sinais de forma detalhada é normalmente realizada próximo ao rosto, por envolver um campo visual mais central e de fácil percepção, enquanto os sinais mais distantes da face são produzidos com movimentos maiores, incluindo articulação mais estendida dos braços. Segundo Crasborn (2012), essa generalização apresentada por Siple (1978) foi pouco estudada. São poucos estudos sobre a articulação motora dos sinais. De modo geral, os estudos das línguas de sinais partem das unidades fonológicas que constituem os sinais. Crasborn (2012) apresenta os articuladores envolvidos na produção de sinais, conforme segue:

Quadro 1 – Articuladores das línguas de sinais

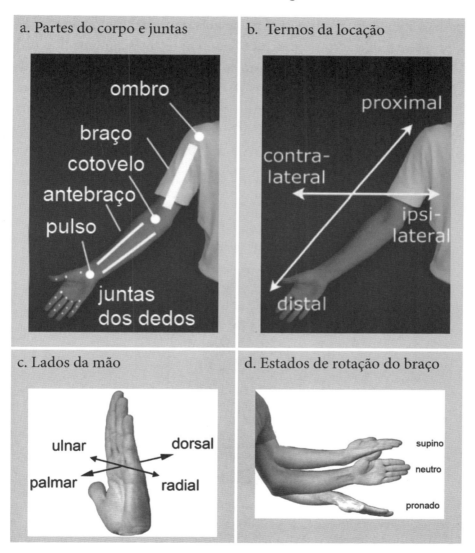

Fonte: Adaptação de Crasborn, 2012: 10.

Tais articuladores são selecionados e combinados para produzir sinais compondo o sistema articulatório fonético visual-espacial.

Stokoe (1960) apresentou um conjunto de unidades visuais e discretas – isto é, um elemento básico (fonema, morfema, sintagma) identificável e separado (com identidade própria) dos demais elementos – que compõem a Língua de Sinais Americana (ASL), comparado aos fonemas usados para compor as palavras nesta língua, portanto, no nível fonológico. Foi a primeira publicação a apresentar tais componentes em uma língua de sinais. Seu sistema fonológico está concentrado na forma da mão, não considerando os articuladores envolvidos na produção dos sinais. A partir de Stokoe, outros estudos foram realizados, incluindo outras línguas de sinais, entre elas a Libras (a exemplo, Liddel e Johnson, 1986, 1989; Sandler, 1989, 1996, 2006, 2010; Wilbur, 1991, 1994, 2000, Ferreira-Brito, 1995 [2010]; Quadros e Karnopp, 2004; Xavier, 2014, Xavier e Barbosa, 2014). Quadros e Karnopp (2004) apresentam os articuladores da Libras como vemos na Figura 3:

Figura 3 – Espaço de sinalização na Libras

Fonte: Quadros e Karnopp, 2004: 57.

As autoras apresentam o espaço em que os sinais são produzidos, considerando os articuladores envolvidos. As mãos incluem os dedos que são selecionados para compor as configurações de mãos. Os três

FONÉTICA E FONOLOGIA

parâmetros básicos descritos por Stokoe (1960), ou seja, as configurações de mão (CM), as localizações (L) e os movimentos (M), são registrados também em Libras, conforme apresentam as autoras:

Figura 4 – Parâmetros básicos da Libras

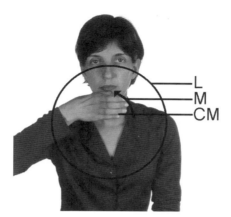

Fonte: Quadros e Karnopp, 2004: 51.

Neste sinal, a configuração de mão em C é associada com a localização próxima à face e ao movimento do pulso na direção da boca, formando o sinal BEBER. Para além destes parâmetros, foram identificados outros articuladores que apresentam também função fonológica. Entre eles, a orientação da mão que pode desempenhar uma função contrastiva entre sinais.

O valor contrastivo dos fonemas na Libras foram citados por Quadros e Karnopp (2004: 52), por meio dos pares de sinais 1) PEDRA e QUEIJO, que contrastam apenas por meio da configuração da mão em S e em L, apresentando a mesma locação e movimento; 2) TRABALHAR e VIDEOCASSETE, que contrastam apenas na forma do movimento, mantendo a mesma configuração de mão e localização; 3) APRENDER e SÁBADO, que contrastam apenas na localização do sinal (na testa e na boca, respectivamente), mantendo os demais parâmetros iguais. A seguir, reproduzimos tais pares para ilustrar a função contrastiva dos fonemas na Libras, incluindo alguns outros pares.

(1) PEDRA e QUEIJO

(2) TRABALHAR e VIDEOCASSETE

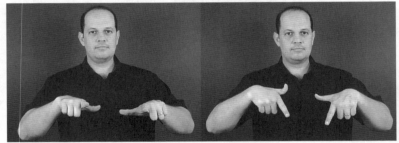

(3) APRENDER e SÁBADO

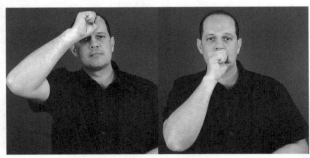

(4) ACOSTUMADO e EDUCADO

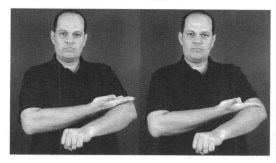

(5) AMARELO e GRÁTIS

(6) PERIGOSO e MAMÃE

(7)   AZAR e DESCULPA

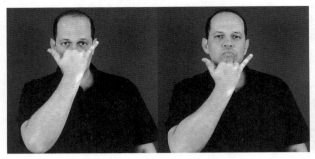

O conjunto completo de fonemas são identificados por meio dos contrastes entre palavras que apresentam todos os elementos iguais, exceto o componente que é identificado como fonema constitutivo, determinando o contraste que implica em mudança de sentido. Em si, os fonemas não apresentam significado, mas na composição das palavras eles determinam os contrastes que identificam o sentido das palavras.

Xavier e Silva (2023) introduzem a fonética articulatória da Libras a partir de Xavier (2006), com base no modelo de Liddell e Johnson (1989) para a ASL. Esse sistema apresenta a classificação da Fonética Articulatória considerando o número de mãos usadas na produção dos sinais (uma ou duas mãos) e a ausência ou presença de movimento da mão (reto, circular, ondulado ou zigue-zague). Xavier (2006) também considerou o tipo de movimento local (rápido, repetido, incontáveis nos movimentos de tamborilar dos dedos, circular produzido por meio do pulso ou cotovelo, oscilação entre duas configurações de mãos, oscilação entre orientações de mãos e oscilação na localização dos sinais alternando pontos de articulação).

Ferreira (2010) apresenta um conjunto de 46 configurações de mão identificadas na Libras, conforme apresentado na figura 5:

FONÉTICA E FONOLOGIA

Figura 5 – Configurações de mão da Libras

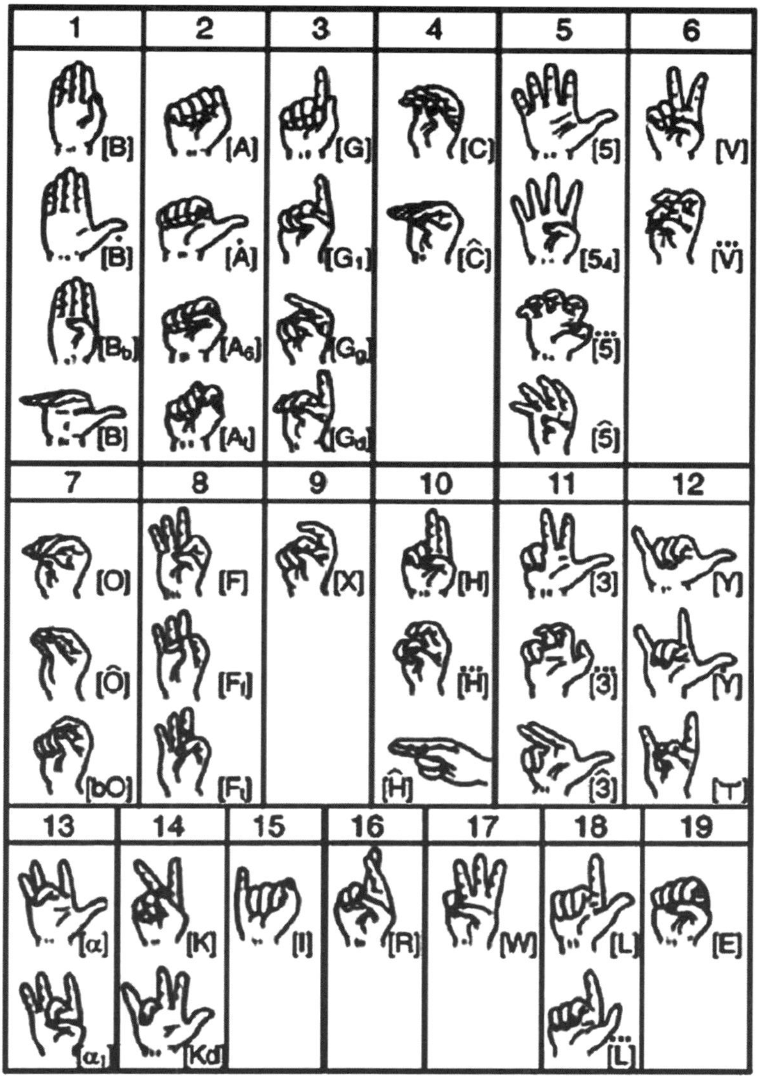

Fonte: Ferreira, 2010: 220.

Segundo Stokoe (1960), os parâmetros são produzidos simultaneamente, em oposição à linearidade das palavras nas línguas orais. Mais tarde, pesquisadores começaram também a identificar a linearidade, ao observarem que os sinais começam e terminam em uma sequência linear, apesar da simultaneidade observada por Stokoe. A exemplo, Klima e Bellugi (1979) viram que sinais podiam iniciar em um determinado ponto de articulação e ser concluídos em outro ponto de articulação. Também observaram que há sinais que começam com uma configuração de mão e terminam com outra. Assim, segmentos dos sinais começaram a ser analisados (Padden, 1988; Liddell e Johnson 1986, 1989, por exemplo). Vejamos alguns exemplos considerando a simultaneidade e linearidade na combinação dos fonemas na Libras:

(8) a. AJUDAR (forma de citação)

b. 1AJUDAR2 (eu ajudo você)[1]

c. 2AJUDAR1 (você me ajuda)

(9) SOL

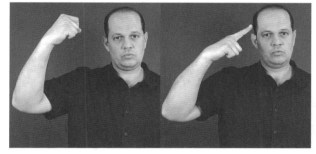

(10) SORRIR

(11) CELEBRAR

Em (8a) temos o sinal na forma de citação que inicia na frente do sinalizante e se move mais à frente no espaço neutro de sinalização. E (8b) e (8c) apresentam uma localização final e inicial, o que determina as pessoas do discurso, combinadas com a direção oposta do movimento, do sinalizante para o espaço neutro ou do espaço neutro para o sinalizante, o que estabelece concordância. No primeiro caso, sou eu que ajudo você, e no segundo, é você que me ajuda. Assim, dependendo de onde se começa e de onde se termina no sinal, nestes casos, os sentidos são diferentes. No exemplo (9), temos o sinal SOL, que inicia com uma configuração de mão e termina com outra. Nos exemplos (10) e (11), temos o sinal SORRIR e o sinal CELEBRAR, em que não há diferença entre o início e o final do sinal, simplesmente todos os parâmetros são combinados simultaneamente.

Em todos os exemplos há simultaneidade, pois a configuração, o movimento e a locação, assim como a orientação da mão em (8), acontecem simultaneamente. No entanto, além da simultaneidade observada também em (8) e (9), temos diferenças impostas pelo início e fim do sinal, que podem ser identificados por um dos parâmetros. Em (8) é o início e o fim da localização do sinal que são diferentes, e em (9) é a configuração de mão inicial e final que são diferentes.

Outra coisa observada por Quadros e Karnopp (2004) foi o uso de uma ou duas mãos. Alguns sinais são produzidos apenas com uma mão, como o exemplo SOL em (9), mas há sinais produzidos com duas mãos, como os exemplos em (8) e (11). No entanto, há diferenças nos padrões de produção dos sinais do tipo de (8) e (11) com duas mãos. No caso do sinal em (8), o sinal apresenta duas mãos com configurações de mão que podem ser diferentes, na qual uma delas é base e a outra é ativa. No caso em (11), as duas mãos estão sendo movimentadas simetricamente utilizando a mesma configuração de mão. Ainda foi identificado que os sinais com duas mãos articuladas simultaneamente com a mesma configuração de mão e movimentos coordenados podem usar movimento simétrico e assimétrico. Veja o contraste entre CELEBRAR em (11) e FUTEBOL em (12):

(12) FUTEBOL

Os estudos fonéticos e fonológicos da Libras começam a ser mais aprofundados nos últimos anos. Xavier (2014), Xavier e Barbosa (2014) e Xavier e Silva (2023) apresentam um estudo sobre diferentes pronúncias na Libras que podem ser resultado de usos de alofones, ou seja, variações de fonemas que não alteram o significado. Assim, uma configuração de mão, locação ou movimento pode estar sendo produzida com variações na forma sem implicar mudança de significado. A isso, os autores referem como pronúncia dos sinais. A mesma pessoa pode pronunciar os sinais com alterações na forma por diferentes fatores, tais como nível de formalidade da conversa, contexto pragmático, contexto linguístico de produção dos sinais (posição na oração, processos fonológicos determinados pelos sinais que antecedem ou sucedem o sinal alterado). A seguir reproduzimos alguns exemplos identificados no estudo de Xavier e Barbosa (2014: 380-382).

(13) Variação na configuração de mão: FARMÁCIA

(14) Variação na configuração de mão inicial e final (ordem): COMPRAR

(15) Variação na configuração da mão base: SOCIEDADE

(16) Variação na localização: ENTENDER

(17) Variação no movimento: OITO

(18) Variação na orientação: Letra A

(19) Variação na quantidade de mãos: ACEITAR

(20) Variação na marcação não manual associada ao sinal: ESTADOS UNIDOS

Os autores concluem haver complexidade no padrão de variações fonética-fonológicas que acontecem nos parâmetros configuração de mãos, localização, movimento, orientação da mão, número de mãos, marcações não manuais, e também por outras questões articulatórias: realização ou não do contato entre os articuladores, flexão na junta proximal ou distal do antebraço, repetição do movimento, presença ou não de movimento na mão não dominante e oralização total ou parcial da palavra em português equivalente de tradução (Xavier e Barbosa, 2014: 407).[2]

Xavier e Barbosa (2014) analisam a variação fonética e fonológica e concluem que parece haver uma estabilidade que garante a compreensão dos sinais entre os sinalizantes. Isso significa que, embora haja variação em algum parâmetro constitutivo dos sinais, há a manutenção de unidades suficientes para a compreensão dos itens lexicais e seu significado. Assim, exemplos como os de (13) a (20), apesar de apresentarem variação, são identificados como o mesmo sinal enquanto entrada lexical estável. Dessa forma, a variação está restringida pela estabilidade dos sinais determinada pelo conjunto de articuladores que integram cada sinal.

FRONTEIRA ENTRE FONOLOGIA E MORFOSSINTAXE

Temos identificado que a fronteira entre Fonologia e Morfologia nem sempre é tão clara. A diferença básica entre esses dois campos da Linguística está associada ao campo semântico. A fonologia compreende unidades mínimas sem significado, enquanto a morfologia, unidades mínimas com significado. Assim, a diferença está entre os fonemas e os morfemas. Os fonemas são as formas que se combinam para formar os morfemas, que já apresentam significado. Por exemplo, a configuração de mão em L não significa nada, mas se for associada a um movimento já pode passar a significar algo. No entanto, ao ser associada ao movimento pode ser considerada um sinal, uma vez que se tem aí a inclusão de uma localização. Isso pode levar a uma ambiguidade no sentido de se pensar L como fonema ou morfema, o que ocorre em razão da interface entre fonologia, morfologia e sintaxe, em que há uma sobreposição de formas e funções. Assim, se ao invés de L ser listada apenas como fonema, na formação de alguns sinais, a exemplo do que ocorre de (21) a (26), esta configuração constitui uma base morfológica, portanto apresenta-se como morfema produtivo na língua, capaz de formar diversos sinais relacionados à tela: TELEVISÃO, TELA-COMPUTADOR, TELA-AMBIENTE-VIRTUAL, TELA-VIDEOCONFERÊNCIA e TELA-HIPERLIVRO.

(21) L

(22) TELEVISÃO

(23) TELA-COMPUTADOR

(24) TELA-AMBIENTE-VIRTUAL

(25) TELA-VIDEOCONFERÊNCIA

(26) TELA-HIPERLIVRO

Sandler (2023) também aborda a questão da iconicidade como um componente com significado que também pode ser um tipo de unidade fonológica na Libras. Iconicidade em si é algo que apresenta uma relação entre a forma e seu significado. A autora propõe que algumas formas de configuração de mão podem ser associadas à forma do seu significante. Ela usa o exemplo do sinal BOLA, em que a forma lembra a bola em si. Assim, o fonema que, a princípio, na Fonologia é compreendido como uma unidade sem significado, passa a ter um sentido em sua forma devido à iconicidade que apresenta. Isso acontece por causa da visualidade intrínseca da língua, que é visual-espacial. Isso não se restringe necessariamente apenas à forma das configurações de mão, mas também pode incluir a localização e os movimentos. Por exemplo, a autora cita sinais que são produzidos na têmpora que indicam questões relativas ao processamento cognitivo (PENSAR, SONHAR, IMAGINAR, entre outros).

(27) BOLA

(28) PENSAR

(29) SONHAR

(30) IMAGINAR

Os marcadores não manuais também passaram a receber a atenção quanto ao seu papel enquanto componente linguístico nas línguas de sinais, com interfaces entre fonologia, morfologia e sintaxe. Wilbur (1991, 1994, 2000) apresentou a análise fonológica e prosódica dos marcadores não manuais, diferenciando informações quanto à parte de cima e de baixo da cabeça/corpo. As áreas inferiores forneceriam informações adjetivas e adverbiais, desempenhando uma função semântica, enquanto a face superior e a cabeça/corpo forneceriam detalhes gramaticais. Em Libras, Figueiredo e Lourenço (2019) apresentam uma proposta a partir dessa divisão realizada por Wilbur. Os autores propõem que as marcações faciais na parte superior do rosto estão relacionadas com informações sintáticas e as da parte inferior do rosto apresentam função modificadora em nível lexical. No nível da palavra, portanto, parece que as marcações não manuais podem ter função fonológica, no sentido de apresentarem contraste entre os sinais. Outra possibilidade seria considerá-los morfemas, uma vez que estão associados com sentido. Os pares a seguir ilustram a marcação não manual associada a alguns sinais com função modificadora, como apontado por Figueiredo e Lourenço (2019).

(31)

a. TRABALHAR-1

b. TRABALHAR-2

c. TRABALHAR-MUITO

d. TRABALHAR-MUITO-LONGO-PERÍODO

e. TRABALHAR-EFICIENTEMENTE

f. TRABALHAR-PRAZEROSA-MENTE

Fonte: Adaptado de Figueiredo e Lourenço, 2019: 83.[3]

(32)

a. CASA b. CASA-PEQUENA c. CASA-GRANDE

Fonte: Quadros, 2011: 24.

Os estudos da fonética e fonologia da Libras estão em andamento. Há muito ainda a ser investigado para compreendermos com mais clareza esses componentes linguísticos e suas interfaces.

REFLEXÕES FINAIS

Os estudos de fonética e fonologia da Libras estão avançando no país para além dos fonemas básicos de configuração de mão, locação e movimento. A orientação de mão, as articulações de boca e outras marcações não manuais parecem compor o conjunto de unidades menores que integram os sinais, tais como o posicionamento do corpo e da cabeça e algumas expressões faciais. Além disso, no campo da Fonética, os estudos têm identificado que a articulação física dos articuladores implicados nos sinais podem ter um papel relevante na forma como são produzidos, mesmo com suas variações. Essas pesquisas ainda são bastante incipientes, mas começam a trazer novas perspectivas do estudo da fonética e da fonologia das línguas de sinais, contribuindo nos estudos linguísticos de forma mais ampla.

Morfologia

Parece ser uma necessidade humana nomear as coisas. Assim, em qualquer língua do mundo, as invenções tecnológicas, as ações humanas, as entidades, as divindades, os seres animados e inanimados, as pessoas e os lugares recebem um nome ou uma palavra que designe tais coisas. Nas línguas de sinais, isso é feito por meio de um sinal. As palavras e os sinais emergem a partir de estruturas já conhecidas nas línguas. Há sempre estruturas fonético-fonológicas que se repetem para formarem unidades maiores, dotadas de significado, os morfemas. Estes, por sua vez, se repetem nas línguas, derivando novas palavras ou aparecendo em processos flexionais carregando informações gramaticais, tais como gênero, número, tempo, modo, dentre outras.

Cada língua expressa seus processos morfológicos de modo muito particular, havendo mais proximidade ou distanciamento em termos estruturais a depender do grau de parentesco das línguas em questão. Em português, italiano, francês e espanhol, por exemplo, há processos morfológicos muito semelhantes em razão do parentesco histórico que aproxima essas línguas. Em Libras, alemão e russo, certamente não acontece a mesma coincidência de aspectos morfológicos, uma vez que são realidades linguísticas histórica e culturalmente diversas entre si.

A Morfologia, nos termos como a Linguística moderna a concebe, data da segunda metade do século XIX (Silva e Medeiros, 2016). Nos tantos percursos por que passaram os estudos da linguagem ao longo dos tempos, a Morfologia, nas palavras de Rocha (2008: 26), "tem tido dias de glória e dias de abandono". As grandes escolas que se dedicaram a estudar a linguagem humana (descritivismo, historicismo, estruturalismo e gerativismo) lidam de forma bastante diversa com a morfologia. (cf. Rocha, 2008). Enquanto a corrente gerativo-transformacional[1] deu "dias de abandono" à Morfologia, a estruturalista deu-lhe notável atenção, "dias de glória".

Neste capítulo, os "dias de glória" serão atribuídos à morfologia da Libras, sobre a qual a pesquisa em Linguística ainda tem muito a descrever e a dizer. O nosso propósito aqui será oferecer ao leitor as bases para o conhecimento e o desenvolvimento de novas pesquisas sobre a morfologia da Libras.

A MORFOLOGIA E SEUS OBJETIVOS

A palavra *Morfologia* circula amplamente em diversas áreas do conhecimento, a exemplo da Biologia e da Linguística, e sempre faz referência à forma de alguma coisa. No caso da Biologia, tem-se a forma da célula, a forma da molécula, a forma dos seres micro e macroscópicos. Já quando se pensa em estudos das línguas do mundo, a Morfologia refere-se ao estudo da forma e formação das palavras. No contexto educacional, de forma muito cediça, as crianças, ainda no ensino fundamental, são expostas a atividades como:

i) separar as sílabas das palavras
ii) colocar as palavras em ordem alfabética
iii) colocar as palavras no plural
iv) dar o sinônimo/antônimo das palavras

MORFOLOGIA

Os exemplos de atividades anteriores mostram a trivialidade com que se lida com a ideia de palavra na escola. Nesse contexto, há um entendimento equivocado de que, intuitivamente, todo falante de uma língua sabe o que é uma palavra. Na prática, não é exatamente simples conceituá-la, tampouco descrever os mecanismos morfológicos implicados nela. A título de exemplificação, veja-se o enunciado a seguir em língua portuguesa:

(33) *A autoestrada está repleta de buracos e parece estar interditada à altura do Km 58.*

Quantas palavras há no enunciado? *A, de, e, à, do* e *Km* são palavras? *Autoestrada* é uma palavra ou são duas? *Está* e *estar* são duas palavras ou uma só? Outros questionamentos poderiam ser feitos sobre o estatuto das formas linguísticas que aparecem no enunciado (33), mas é suficiente o leitor entender que não é algo banal lidar com a palavra nas línguas em termos descritivos.

A depender do ponto de vista teórico ou operacional de contagem de palavras, pode-se chegar a resultados distintos. Por exemplo, o processador de textos Word considera uma palavra a partir do espaço em branco existente entre um signo e outro. Assim, em (33), sob essa perspectiva, há 15 palavras, o que implica desconsiderar qualquer processo morfológico ou classe funcional das palavras.

Em uma busca num dicionário de língua portuguesa, certamente não será encontrada a forma *está*, constando apenas *estar*, uma vez que os dicionaristas registram somente os verbos no infinitivo. Por esse critério, *está* e *estar* são duas formas diferentes da mesma palavra. Embora seja verdadeiro que qualquer usuário de uma dada língua saiba reconhecer o que é uma palavra e, mais que isso, saiba operar com ela (colocar uma forma verbal no presente, no passado, no futuro; flexionar ou derivar uma forma nominal; estabelecer concordância verbal e nominal; formar novas palavras a partir de morfemas lexicais já existentes; lidar com complexas regras de inserção de morfemas gramaticais para flexionar ou para derivar palavras; formar novas palavras e assim por diante), os estudiosos da linguagem, especialmente os linguistas e professores de línguas, precisam ir além do que se desenha no senso comum quanto à compreensão da palavra em termos internos.

O termo *Morfologia* advém dos elementos gregos *morphé* (forma) e *logía* (estudo), ou seja, a Morfologia é o estudo da forma. No caso dos estudos da linguagem, trata-se da área da Linguística que se dedica ao estudo da forma das palavras em diferentes contextos de uso e construções. Em outros termos, a Morfologia é a parte da gramática que descreve a estrutura interna das palavras, ou as unidades mínimas dotadas de significado (os morfemas), a distribuição desses elementos, classificação e processos por meio dos quais se formam palavras, bem como a taxonomia das palavras numa dada língua.

Em importante trabalho, Martinet (2014) argumenta que a linguagem humana é articulada e essa articulação manifesta-se em dois planos, o que ele denominou de primeira e segunda articulação da linguagem. Para o autor, a primeira articulação da linguagem "é aquela segundo a qual qualquer fato de experiência a transmitir, qualquer necessidade que se queira dar a conhecer a outrem é analisada numa sequência de unidades dotadas cada uma delas de uma forma vocal[2] e de um sentido" (Martinet, 2014: 38). Já na segunda articulação, a forma vocal "é analisável numa sucessão de unidades em que cada uma contribui para distinguir *tête* [*cabeça*, em francês], por exemplo, de outras unidades como *bête* [*fera*, em francês]" (2014: 39). A primeira articulação contempla a morfologia e a segunda, a fonologia. Em ambos os casos, defende Martinet, esses princípios tornam as línguas humanas econômicas, uma vez que certas unidades das línguas, como *tête*, podem se combinar em diversos contextos da experiência humana, da mesma forma que o fonema /t/ pode aparecer em variados contextos, sem a necessidade de ser específico para uma dada produção vocal. Martinet (2014: 40) alega que é graças à segunda articulação que "as línguas podem contentar-se com algumas dezenas de produções fônicas distintas que combinamos para obter a forma vocal das unidades da primeira articulação".

Feitas essas considerações, é importante destacar que a organização interna das formas das línguas (palavras ou sinais – para o contexto das línguas sinalizadas) não se dá de modo aleatório; os menores constituintes dotados de significado, os morfemas, são distribuídos sob uma lógica determinada pelas próprias línguas. Assim, o morfema –s marca padrão de plural em língua portuguesa, numa forma como *gato*, só pode marcar plural no final da palavra, donde se tem *gatoS*. Em outros termos, a estrutura da língua portuguesa delimita uma posição específica para se acrescer o morfema de plural. Em Libras, por exemplo, a reduplicação de um sinal (_r), em muitos contextos, é o que marca o plural. Veja-se em (34), a seguir:

(34) (...) TAMBÉM AUMENTAR CAMA_r BEBÊ (...)

  (...) *também* [a Secretaria de Saúde] *aumentou os leitos infantis* (...)

Como diz Martinet (2014: 43), cada língua tem sua própria articulação. Se por um lado todas as línguas têm a dupla articulação da linguagem, por outro, cada uma delas articula de modo distinto, porque, segundo a teoria proposta pelo autor, isso tem relação com os dados da experiência dos usuários das línguas e com o modo como "fazem render as possibilidades facultadas pelos órgãos da fala. Por outras palavras, cada língua articula à sua maneira tanto os enunciados como os significantes". No caso das línguas sinalizadas, os órgãos da fala não são aqueles que compõem o trato vocal, como posto no capítulo anterior, mas as mãos em harmonia com o uso do espaço localizado à frente do sinalizante e as marcas não manuais, expressas pelos movimentos do corpo e por expressões faciais diversas. Em Língua de Sinais Portuguesa (LSP), por exemplo, uma das formas de se fazer a negação é inflando a bochecha, ou seja, há uma forma de base para verbos como *falar* ou *ouvir* à qual acrescenta-se o morfema de negação *inflar de bochecha*. Esse tipo de morfema, produtivo em LSP, não ocorre em Libras para se fazer negação, o que corrobora a ideia de Martinet de que cada língua articula à sua maneira. Em LSP, para se fazer este tipo de negação, há também uma parada do movimento do sinal-base, ou seja, a negação se dá com *inflar-bochecha+parada do movimento do sinal-base.*

Quadro 2 – Negação em LSP – *morfema bochecha inflada*

FALAR/NÃO FALAR   OUVIR/NÃO OUVIR

Fonte: Adaptado de Silva, 2023: 177.

Como se viu, a Morfologia lida com uma série de processos que ocorrem no interior das formas linguísticas. Assim, podem-se delinear dois objetivos centrais dos estudos em Morfologia, a saber:

i) identificar e caracterizar as unidades mínimas relevantes para compreender a estrutura das palavras ou dos sinais;
ii) estabelecer e explicar os princípios que regem a combinação de unidades mínimas.

Em relação ao primeiro objetivo, é relevante entender e caracterizar os constituintes dos sinais e as relações que estabelecem entre si quando da sua formação; acerca do segundo objetivo, como se verá adiante, o arranjo de constituintes menores (morfemas) para a formação de unidades morfológicas maiores (sinais) não é algo que se realiza sempre da mesma maneira, tampouco de forma linear, mas em uma ordem determinada, em que a organização do significado e as informações gramaticais precisam ser estabelecidas. Sendo assim, relações hierárquicas são estabelecidas na formação dos sinais e três diferentes aspectos devem ser levados em conta: a) a hierarquia interna entre os diversos componentes dos sinais; b) os padrões produtivos para a configuração de sinais (na Libras); e c) os processos recorrentes de combinação que possibilitam diferentes formas de um mesmo sinal. Entender esses aspectos é compreender a capacidade dos falantes nativos de operar com uma dada língua, por mais complexo que seja seu arranjo gramatical, por meio do conhecimento tácito que possuem dessa língua, no caso, da Libras.

AS UNIDADES MORFOLÓGICAS

Conforme Schwindt (2014), há duas principais abordagens no estudo da morfologia: uma de base estruturalista, especialmente do estruturalismo norte-americano, e outra de base gerativista. Nesta concepção, a palavra é o centro da análise; naquela, o *morfema*. São os estruturalistas norte-americanos quem "instituíram o conceito de morfema como menor unidade de significado – em oposição (no sentido de *contraste*) ao *fonema*, menor unidade destituída de significado" (Schwindt, 2014: 111). Na chamada hipótese lexicalista, em que Chomsky (1970) propõe o componente morfológico dentro do escopo da gramática gerativa, cujo foco até então era a sintaxe, a Morfologia toma como centro a *palavra* e não mais o morfema (mas o morfema não é desconsiderado), como o fizeram os estruturalistas, e passa a ser conhecida como Morfologia Lexical (ou Morfologia Gerativa), justamente por haver uma combinação do aspecto morfológico com o léxico.

Para efeito deste livro, será tomada a perspectiva lexicalista de estudos da linguagem a fim de se estabelecer a unidade morfológica aqui estudada, ou seja, o sinal. A noção de morfema pode ser subdividida em dois tipos: morfema gramatical e morfema lexical. Os morfemas gramaticais são responsáveis por informações gramaticais tais como gênero, número, pessoa, modo, tempo dentre outras; o morfema lexical, por sua vez diz respeito a uma base à qual certo afixos (morfemas) são agregados.

Considerem-se os seguintes exemplos em Libras:

(35) CAMA_mov

[base]subst [[base]subst. afixo -mov]subst. plural

[cama] [[cama] -mov]

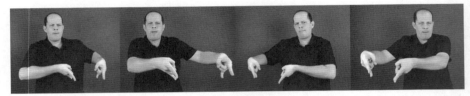

(36) INTERIOR_mov

[base]subst [[base]subst afixo -mov]subst. plural

[interior] [[interior]mov]

interior → interiores

(37) MORRER_mov

[base]verb [[base]subst afixo -mov]subst. plural

[morrer] [[mort]mov]

morrer → mortes

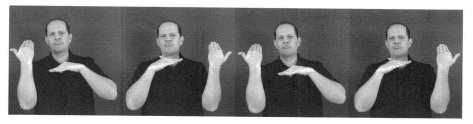

(38) INVESTIR_mov

[base]verb [[base]subst afixo -mov]subst. plural

[investir] [[investiment]mov]

investir → investimentos

Como se pode observar, existe uma regularidade em relação ao processo de formação de plural de nomes em Libras, tomando-se o movimento como item que propicia a mudança de um nome ou nome derivado de verbo no singular para uma forma de plural. Pode-se dizer que este processo é produtivo em Libras, mas é importante destacar que há outras formas de se marcar plural nessa língua, algumas inclusive que só podem ser descritas em termos morfossintáticos. Os dados usados para exemplificação mostram que o movimento que marca plural ocorre especialmente com sinais que são realizados no espaço neutro, não ancorados no corpo do sinalizante e, em seu trajeto, constituem um semicírculo, da lateral para o centro, à frente do sinalizante.

As línguas sinalizadas são caracterizadas por uma morfologia pobre (pouca disponibilidade de morfemas), se comparadas a algumas línguas orais, a exemplo da língua portuguesa ou do francês. Isso implica considerar que essas línguas dispõem de poucos morfemas para a expressão de informações gramaticais como tempo/modo, número/pessoa, gênero (masculino/feminino), grau, tempo, dentre outros. A dinâmica das línguas de sinais para a marcação de aspectos gramaticais vai muito além de um morfema *per se*, exclusivo para esta ou aquela noção morfológica. Nesse sentido, as chamadas marcações não manuais (cf. capítulo "Fonética e fonologia" deste livro) ganham importante papel e atuam na interface fonologia/morfologia. Dessa forma, um inflar de bochechas, por exemplo, pode ter a função de expressar intensidade em Libras, quando ocorrer junto com um sinal como LIVRO (livro grosso) ou de ser um item lexical, como ocorre em TRANSAR.

(39) LIVRO e LIVRO-GROSSO

(40) SEXO e TRANSAR

Sinais e morfemas

As línguas de sinais, conforme explicitado no capítulo anterior, organizam seu léxico por meio de sinais, os quais são formados por unidades menores denominadas pela literatura especializada por parâmetros, os quais funcionam, também, como fonemas nessas línguas. Trata-se de configuração de mãos, locação, movimento, orientação da palma da mão e marcações não manuais. Em razão da modalidade das línguas de sinais, por vezes, esses elementos "servem" à Fonologia e à Morfologia, estabelecendo interface entre esses dois campos da Linguística.

De modo genérico, pode-se dizer que os sinais são as representações que designam os itens lexicais das línguas de sinais. No entanto, é importante observar que inexiste uma relação *um para um* entre sinais (línguas de sinais) e palavras (línguas orais). Por vezes, pessoas pouco familiarizadas com a realidade histórico-cultural das línguas de sinais tendem a achar que para cada palavra em língua oral deve haver um sinal correspondente, o que não é verdade.

Os sinais, no todo, são um complexo formado por parâmetros que, sozinhos, nada significam. Assim, se se decompuser o sinal AMOR,[3] percebe-se que há nele pelo menos uma *configuração de mãos* em S, *um movimento* que desloca a mão do repouso à lateral do peito (esquerda ou direita), que, por sua vez, constitui *a locação*, ou seja, o lugar onde o sinal se completa. Nenhum desses três parâmetros individualmente tem valor morfológico quando vistos isoladamente, no entanto, ao formarem o sinal AMOR, deste pode derivar sinais como ADORAR. Em outras palavras, o morfema lexical AMOR, por suas unidades constituintes, parece fazer derivar ADORAR em Libras, sinal cuja carga semântica aproxima e intersecciona os dois termos.

(41) AMOR

Fonte: Quadros, 2023

(42) ADORAR

Fonte: Quadros, 2023

Os morfemas em Libras, tal como nas línguas orais, podem ser lexicais ou gramaticais, sendo estes mais recorrentes, embora não tão produtivo como em línguas orais como o português, cujo repertório de morfemas gramaticais é bastante grande. Na Libras, há exemplos de morfemas lexicais como AMOR, SEXO, COMUNICAÇÃO, COMBINAR, derivando dele, respectivamente, ADORAR, ESTUPRO, COMUNICAR-FALTAR e CONVENÇÃO. Neste caso, o movimento determina a derivação. Além disso, é possível adicionar a um morfema lexical afixos com expressão de quantidade, de negação, de intensidade, dentre outros, como se verá a seguir.

Quadro 3 – Sinais primitivos e derivados

SINAL PRIMITIVO	SINAL DERIVADO
AMOR	ADORAR
COMBINAR	CONVENÇÃO
COMUNICAR	COMUNICAR-FALTAR
SEXO	ESTUPRAR

Fonte: Adaptado de Xavier e Ferreira, 2021.

PROCESSOS MORFOLÓGICOS

As línguas sinalizadas apresentam processos morfológicos bastante complexos, muitos dos quais ainda não são devidamente descritos pela Linguística. Os estudos mostram que fenômenos como derivação e composição são encontrados nessas línguas, mas também há uma sobreposição de funções a certas formas, a exemplo do que ocorre com o movimento, que ora está a serviço da derivação, ora está marcando flexão, podendo estar vinculado, ao mesmo tempo, a esses dois processos morfossintáticos. Conforme demonstrado por Silva, Araújo Neto e Machado (2020), o movimento tanto pode, a partir de uma base lexical, formar um nome ou outra categoria (derivação), como pode indicar pluralidade (flexão). Isso tem implicações que só podem ser esclarecidas na sintaxe.

(43) MORRER_MORRER+MORRER+MORRER_mov

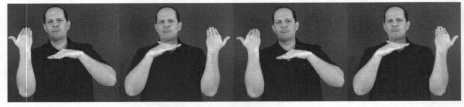

No exemplo dado, a reduplicação do sinal pode ser interpretada como a formação de nome a partir de uma forma verbal, MORRER=>MORTE, portanto derivação, ou pode ser vista como um morfema de plural, em que MORTE=>MORTES, logo um caso de flexão. Ainda é possível haver, concomitantemente, os dois processos: derivação e flexão: MORRER=>MORTE=MORTES. Sendo esta hipótese verdadeira, a reduplicação desempenharia dupla função: a nominalização e a flexão.

A formação de sinais

Os sinais são formados por segmentos de retenção e de movimentos. Em ambos os casos, os parâmetros são acionados, mas também o são para agregar a um sinal informações morfológicas, como se verá adiante nos casos de incorporação de numerais ou de marcação de plural. Dessa forma, percebe-se uma clara interface entre fonologia e morfologia nas línguas de sinais, e a Libras não foge à regra. O léxico da Libras é formado por basicamente três processos, conforme Quadros e Karnopp (2004): a) soletração manual; b) léxico não nativo; e c) léxico nativo (cf. capítulo "Estudos gramaticais das línguas de sinais").

A soletração é uma estratégia comum nas línguas sinalizadas dos grandes centros urbanos, pois têm contato com um sistema de escrita de uma língua oral, como é o caso do português, no Brasil, ou do inglês, nos Estados Unidos. Basicamente, soletram-se nomes próprios, termos técnicos e palavras para as quais não existe ou se desconhece o sinal. A soletração, também conhecida como datilologia, faz uso de algumas configurações de mãos da língua de sinais em foco, com ritmo próprio. Muitos itens soletrados, sobretudo aqueles com menor número de letras, vão ganhando o ritmo da língua e, por empréstimo,[4] entram na língua como item lexical, como é o caso da variante S-O-L, a seguir. Machado (2022) identificou palavras que foram emprestadas a partir da soletração com até seis letras e que passaram ao longo do tempo por processos de lexicação, tais como M-O-T-I-V-O e E-S-P-A-Ç-O.

(44) a. SOL-2

Fonte: Quadros, 2023.

b. M-O-T-I-V-O

Fonte: Machado, 2022: 125; *Corpus* de Libras: Campello, 2017.

c. E-S-P-A-Ç-O

Fonte: Machado, 2022: 125; *Corpus* de Libras: Souza, 2017.

No caso em tela, o falante preserva pelo menos duas letras da grafia do português: S e L, o que demonstra de onde vem o empréstimo, mas também que ele está fonologicamente adaptado ao sistema da Libras, de tal forma que o falante comum sequer enxerga nesse sinal resquícios da escrita do português, donde se pode concluir que o processo de lexicalização foi concluído.

O léxico não nativo é compreendido como os sinais advindos, também por empréstimos, de outras línguas de sinais, pelo contato linguístico, realidade cada vez mais frequente com o advento das novas tecnologias, sobretudo com as redes sociais, por meio das quais surdos de diferentes nacionalidades interagem entre si. Esses sinais podem sofrer adaptações ao sistema da nova língua ou permanecer como se apresentam na língua de origem. Veja-se o exemplo de LINGUÍSTICA em Libras e em ASL.

(45) a. LINGUÍSTICA em Libras

Fonte: Quadros, 2023.

b. LINGUÍSTICA em ASL

Por fim, temos o léxico nativo, aquele formado pelo uso de classificadores, altamente icônicos. Trata-se de sinais que naturalmente, na interação entre os usuários da língua, emergem, obedecendo às regras de boa formação em termos fonológicos. Assim, sinais como CIDADE e MACACO representam essa realidade de criação lexical, em que sua estrutura é influenciada pela forma como os usuários representam/percebem o mundo (iconicidade – ver capítulo "Semântica" adiante) e como formam predicados pelo uso de classificadores.

(46) CIDADE-2

Fonte: Quadros, 2023.

(47) MACACO

Fonte: Quadros, 2023.

    Os dois principais processos de formação de palavras novas numa língua são a derivação e a composição. As seções a seguir tratarão desses mecanismos formacionais de novas unidades na Libras. É importante destacar que cada língua dispõe de recursos morfológicos próprios para a formação de derivados e de compostos. Assim, a tipologia de palavras derivadas em português não é, necessariamente, igual ao que ocorre em Libras para a derivação de novos sinais.

A derivação em Libras

O processo de derivação consiste em criar novas palavras/sinais na língua a partir de unidades já existentes. Em outros termos, a um morfema lexical são acrescidos outros morfemas para a formação de um novo sinal. Veja-se o caso em Libras de COMUNICAR, COMUNICAR-FALTAR e COMUNICAÇÃO-TOTAL.

(48) COMUNICAR

Fonte: Quadros, 2023.

(49) COMUNICAR-FALTAR

Fonte: Quadros, 2023.

(50) COMUNICAÇÃO-TOTAL

Fonte: Quadros, 2023.

Os usuários da Libras, nas suas interações comunicativas, têm ao seu dispor o conhecimento linguístico que lhe capacita, a partir de um morfema lexical, criar tantos outros, sem violar os aspectos fonomorfológicos da língua. Assim, à mesma base COMUNICAR são acrescidos movimentos em que a configuração de mãos C, em vez de passar uma pela outra livremente, esbarra uma na outra, significando obstáculo na comunicação, o que equivale a algo como *falta de comunicação* em português. Nesse caso, embora se mantenham as mesmas configurações de ambas as mãos, é o movimento o responsável pela derivação.

No segundo caso, COMUNICAÇÃO-TOTAL, o movimento é o mesmo de COMUNICAR, ou seja, as mãos perpassam entre si, no entanto, há uma mudança em sua configuração, sendo o sinal realizado com uma mão em C e outra em T. Para Xavier e Ferreira (2021), a derivação é, em geral, caracterizada pelo acréscimo de material fonológico quando se compara com a forma primitiva. Os autores, no entanto, alertam para o fato de que pode haver sinais em Libras cuja formação se dá pela redução de parâmetros fonológicos, como a configuração de mãos, como ocorre com os sinais CONVERSA e DICA em suas formas diminutas CONVERSINHA e DIQUINHA.

(51) CONVERSA e CONVERSINHA

(52) DICA e DIQUINHA-2 com mudança de configuração de mãos

(53) CONVERSINHA-2 com redução de movimento

(54) DIQUINHA com redução de movimento

(55) DE NADA e DE NADINHA

Por fim, convém destacar um importante recurso usado nos casos de derivação: a reduplicação dos sinais. Em Quadros e Karnopp (2004: 97), são apresentados exemplos dessa natureza, em que certos nomes na Libras derivam de verbos por reduplicação do movimento, como é o caso dos seguintes pares linguísticos TELEFONE/TELEFONAR, CADEIRA/SENTAR, PERFUME/PERFUMAR, PENTE/PENTEAR, OUVINTE/OUVIR, LADRÃO/ROUBAR.[5] Xavier e Ferreira (2021: 369) trazem os seguintes casos de derivação por reduplicação, em que o primeiro sinal é primitivo e o segundo, derivado: AVISAR/CONTAR, PERGUNTAR/PESQUISAR, RIR/SIMPÁTICO e VER/VISUAL.

MORFOLOGIA

A composição em Libras

Se a derivação é caracterizada pelo acréscimo de material fonológico a uma unidade de base, a composição pode ser vista como o acréscimo de uma base léxica à outra, em que ambas, sozinhas, têm um dado significado, e quando formam o item composto carregam um terceiro significado. Pode-se dizer que a composição está associada a um rico processo de formação de sinais em que duas ou mais formas livres se justapõem ou se aglutinam formando um novo sinal. É importante dizer que nem sempre é possível prever o significado do composto pelo simples fato de se conhecer as formas que o compõem. Em Libras, o conhecimento pelo usuário de LETRA e LIBRAS não garante a depreensão do composto LETRAS-LIBRAS.

Em diversas línguas de sinais, esse processo já foi descrito (Klima e Bellugi, 1979 – língua americana de sinais; Wallin, 1983 – língua sueca de sinais; Brennan, 1990 – língua britânica de sinais; Johnston e Schembri, 2007 – língua australiana de sinais; e Quadros e Karnopp, 2004 – língua brasileira de sinais) e, tanto quanto nas línguas orais, os processos composicionais nas línguas de sinais apresentam particularidades que são inerentes ao modo de produção dessas línguas. Seguindo a proposta de Klima e Bellugi (1979) e de Brennan (1990), Johnston e Schembri (2007: 131) apresentam cinco mudanças formacionais dos compostos quando lexicalizados, conforme Quadro 4 abaixo.

Quadro 4 – Cinco mudanças formacionais dos compostos

Fonte: Quadros, 2023.

b. Há perda de repetição do movimento, se presente, no segundo sinal.

Ex.: IGREJA

Fonte: Quadros, 2023.

c. Se o segundo elemento de um composto for bimanual, a mão subordinada tende a ocupar sua posição no início do composto como um todo, em vez de simplesmente no início do segundo elemento.

Ex.: LETRAS-LIBRAS-BACHARELADO

Fonte: Quadros, 2023.

d. O composto é sinalizado como uma unidade única, com quaisquer movimentos de transição entre os dois elementos sendo feitos de forma mais suave e fluida.

Ex.: ESCOLA

▶ e. Como resultado de todos ou alguns dos processos acima, a duração geral do sinal composto tende a ser semelhante à de um sinal simples, em vez de dois sinais.

Ex.: ANOITECER

Fonte: Johnston e Schembri, 2007: 131.

As pesquisas em diferentes línguas de sinais – embora ainda existam pouco estudos tipológicos com essas línguas – têm mostrado dados interessantes quanto à semelhança de fenômenos linguísticos, a exemplo da composição. Brennan (1990) e Rodero-Takahira (2015), olhando, respectivamente, a língua britânica de sinais e a Libras, encontram os seguintes tipos de compostos: a) composto sequencial; b) composto simultâneo; e c) composto simultâneo sequencial.

Xavier e Ferreira (2021), em suas pesquisas, encontram apenas compostos sequenciais e simultâneos e, diferentemente do que muitos autores fazem, estes assumem, baseados em Meir (2012) e em Dedino (2012), a incorporação de numeral e a inicialização por letras do alfabeto como processos composicionais. Os compostos por incorporação de numeral se dão sempre que se faz referência a itens quantificáveis ou contáveis, como ANO, DIA, HORA, MÊS, SEMANA, VEZ etc. Já os compostos com inicialização por letras se dão com mão não dominante representando uma superfície e a mão não dominante representando a primeira letra da escrita da palavra na língua portuguesa, para o caso da Libras, como se vê a seguir:

INTRODUÇÃO AO ESTUDO DA LIBRAS

Quadro 5 – Sinais compostos com inicialização de letras

Mão dominante	Mão não dominante	Composto
Letra-L	Papel à mostra na posição vertical	LEI
Letra-D		DECRETO
Letra-D	Folhear	DICIONÁRIO
Letra-L		LIVRO
Letra-F	Grupo	FAMÍLIA
Letra-C		CONGRESSO

Fonte: Xavier e Ferreira, 2021: 367.

CLASSIFICADORES

Os classificadores nas línguas de sinais configuram uma parte do léxico que parece ser mais flexível, uma vez que apresentam um componente icônico que ajusta o sinal a cada contexto de produção. O que integraria o léxico em relação aos classificadores seria a configuração de mão classificadora que envolve entidades como pessoas, animais, partes do corpo que representam tais entidades. Esses classificadores de entidade são também chamados de classificadores semânticos. Os classificadores especificadores de forma e tamanho envolvem uma segunda categoria, que tem como função descrever em detalhes as entidades a partir da forma e do tamanho.

As primeiras análises dos classificadores foram feitas por Frishberg (1975) e Supalla (1982, 1986) a partir da Língua de Sinais Americana (ASL). Os classificadores também são chamados de descritivos imagéticos, por representar ações, formas e tamanho de forma detalhada visualmente (Campello, 2018). Essa descrição visual é considerada icônica, um componente que tem demonstrado ser altamente complexo, especialmente nos estudos de aquisição e ensino de línguas de sinais, pois são considerados difíceis de serem aprendidos e por serem componentes de aquisição tardia (a exemplo, ver Chen-Pichler, 2001).

A parte rígida que integra os classificadores é usada para representar a classe a que se refere. A seguir, sintetizamos o conjunto de configurações de mão classificadoras identificadas na Libras com exemplos retirados do Inventário Nacional de Libras. As categorias foram organizadas a partir do material didático do Curso de Letras-Libras (Campello, 2009) e da *Gramática da Libras* (Campello e Luchi, 2023).

Os classificadores de entidade envolvem configurações de mão que representam entidades (pessoas, animais, objetos). Podem representar o corpo ou parte do corpo das entidades representadas. Esses classificadores incorporam o verbo e o argumento da oração, podendo ocupar a posição de sujeito ou do objeto. Assim, apresentam componentes semântico e sintático. As configurações de mãos representam morfemas, pois integram informação com significado simbolizando cada entidade no sinal. O componente semântico envolve a própria configuração de mão e o morfema associado ao movimento, além da locação representando a ação e a forma do movimento associada ao modo. Esse conjunto envolve a entidade e a ação/evento associados, que passam a ocupar uma posição argumental e gramatical na oração. A lista a seguir exibe alguns desses classificadores com exemplos contextualizados, mas não se restringe à gama de possibilidades que a Libras apresenta nos seus usos, especialmente em narrativas prototípicas das conversas espontâneas e da linguagem poética, em que esses recursos linguísticos são amplamente recrutados. Na medida do possível, incluímos exemplos retirados do Inventário Nacional de Libras. Outros exemplos foram reproduzidos por nós.

Quadro 6 – Tipos de classificadores de entidade

Classificadores de entidade	Configuração de mão	Exemplo
Pessoa corpo		CL (pessoa-parada) CL (duas pessoas-andar)

INTRODUÇÃO AO ESTUDO DA LIBRAS

Pessoa pernas em pé		CL (pessoa-em-pé)
Pessoa pernas sentadas		CL (pessoa-sentada)
Pessoa andando em pé		CL (pessoa-andar-pé)
Pessoa andando com pernas curvadas (usado para subir, descer, para correr, para saltar)		CL (pessoa-subir-morro) CL (pessoa-descer-morro) CL (pessoa-saltando)
Muitas pessoas cruzando umas com as outras (dimensão horizontal) e multidão andando		CL (multidão-se-cruzando) CL (multidão-andando)

MORFOLOGIA

Os classificadores de forma e tamanho são usados para descrever visualmente referentes utilizado no discurso representando propriedades específicas de uma classe. A seguir, apresentamos algumas configurações de mão que classificam essas especificidades físicas a partir das análises de Pizzio et al. (2009) e Supalla (1982). Vale lembrar que os exemplos mostrados a seguir não esgotam as múltiplas possibilidades de classificadores de forma e tamanho.

Quadro 7 – Tipos de classificadores de tamanho e forma

Categoria	Configuração de mão	Exemplo
Fino		BARRA-FERRO-CONSTRUÇÃO FIO-DENTAL-FINO
Plano		MESA-PLANA PORTA-ARMÁRIO-RETA
Espessura grossa e densa		MESA-ESPESSURA SAPATO-ESPESSURA
Arredondado		CANO CABO-VASSOURA

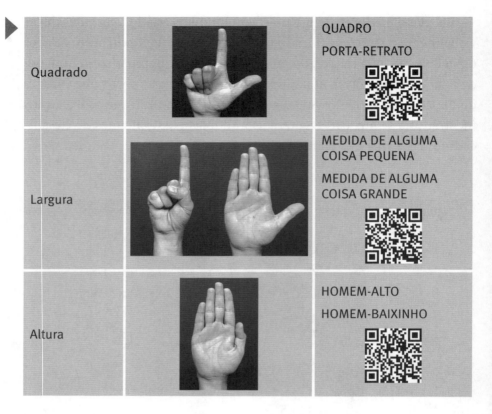

As duas classes de classificadores apresentadas têm merecidos estudos em diferentes níveis linguísticos. Os estudos no campo da morfologia abrangem os classificadores enquanto morfemas que são combinados para a produção dos sinais. Os morfemas são estáveis, mas os movimentos e a locação são dependentes do contexto em que são produzidos para reproduzir um determinado evento e forma quando acontecem efetivamente. Essa parte dependente do discurso é mais flexível. Então, no léxico estariam os morfemas e haveria uma interface discursiva que entra no campo da estrutura informacional, permitindo instâncias únicas a cada realização. Nesse sentido, entram elementos extralinguísticos que dependem do contexto para a sua formação. A iconicidade é o componente visual que entra na composição da descrição imagética, representando as ações e as formas mais transparentes, embora sejam também convencionais.

REFLEXÕES FINAIS

As pesquisas sobre a morfologia das línguas de sinais ainda carecem de descrições mais aprofundadas, sobretudo no que concerne aos aspectos derivacionais e flexionais. Exemplo disso é o que acontece em Libras em casos em que parece haver uma sobreposição de mecanismos para a formação de nomes a partir de verbos e, ao mesmo tempo, de plural desses nomes.

Cabe destacar ainda, sobre a morfologia das línguas de sinais, a sua interação com a Fonologia e com a Sintaxe. Não é privilégio das línguas sinalizadas as interfaces entre níveis da estrutura linguística, no entanto, em razão da forma como as línguas de sinais são articuladas, contitui um desafio à parte existir limites tênues entre o que é da ordem da primeira ou da segunda articulação da linguagem ou ainda o fato de que a determinação de certas categorias morfológicas só podem ser claramente enxergadas na sintaxe.

Por fim, é imperativo reverenciar o que tem sido feito em termos de descrição da morfologia da Libras nos últimos vinte anos no Brasil. Relevantes trabalhos que contemplam a morfologia da Libras têm sido publicados em forma de livros, artigos científicos, dissertações e teses. Para o leitor que está iniciando nos estudos sobre a Libras, o que ora se apresenta pode ser também um roteiro de estudos: Ferreira-Brito (1995 [2010]), Felipe (1988), Quadros e Karnopp (2004), Felipe (2006), Faria-Nascimento e Correia (2011), Pizzio (2011), Takahira (2015), Quadros (2019), Abreu (2019), Silva (2020), Rodero-Takahira e Scher (2020), Bernardes (2020), Oliveira (2020), Xavier e Ferreira (2021) e Pizzio et al. (2023).[6]

Sintaxe

Neste capítulo, faremos uma incursão nos estudos gramaticais da Libras focando na Sintaxe. Esta área dos estudos linguísticos visa compreender como os usuários da língua organizam a combinação das palavras para formar sentenças. As unidades da sintaxe são as palavras de diferentes categorias combinadas para formar uma unidade maior completa, envolvendo sintagmas frasais, que compreendem basicamente o sintagma nominal e o sintagma verbal. Além desses dois, também podemos contar com sintagmas adverbiais e adjetivais que se juntam aos demais sintagmas para acrescentar sentidos mais detalhados ao que o falante/sinalizante quer dizer.

O sintagma nominal tem como núcleo o nome (substantivo) e o sintagma verbal, o verbo. O advérbio pode se combinar com o verbo para acrescentar informações relativas a tempo, modo, finalidade, intensidade, lugar, negação, afirmação e dúvida, entre outros, dependendo das línguas. O adjetivo se combina com o nome para modificá-lo incluindo qualidade, estado, extensão, e podendo também compreender uma locução ou oração.

Esses componentes integram todas as línguas, mas no caso das línguas de sinais, ainda temos o uso do espaço e do corpo como elementos que impactam na sintaxe da Libras e na composição das frases.

Neste capítulo, vamos partir de dados do Inventário Nacional de Libras, apresentar e discutir exemplos de como se constitui a sintaxe na Libras, considerando o que a Linguística trata como sintaxe nas línguas humanas, mas também trazendo as contribuições dos estudos da Libras a partir da perspectiva visual-espacial-corporal das línguas de sinais.

A SINTAXE ESPACIAL

A Libras é uma língua visual-espacial, ou seja, uma língua que acontece no espaço em que é visualizada pelas pessoas que a usam. A produção dos sinais acontece no e com o corpo de quem sinaliza, ou seja, compreende as mãos, os braços, o torso e a cabeça. As mãos combinam configurações de mãos que formam um conjunto fechado. Esse conjunto é usado articulando-se com localizações específicas e com movimentos para formar sinais, assim como já foi apresentado nos capítulos anteriores. Os sinais são organizados para formar enunciados e podem ser associados com as demais partes do corpo e com localizações espaciais específicas para imprimir nuances diferentes de significados. Tais localizações são especificadas no entorno do sinalizante por meio de diferentes mecanismos gramaticais. Vejamos um exemplo ilustrativos dos primeiros aspectos abordados para, então, apresentarmos tais mecanismos gramaticais:

(56)

Espaço 1 – À direita

Espaço 2 – Eixo do corpo

Espaço 3 – Abaixo à esquerda

Espaço 4 – Acima à frente

Como foi no início, eu não lembro de nada, mas veja, meus pais são surdos, eles sinalizaram para mim desde bebê e eu saí sinalizando.

Fonte: *Corpus* de Libras: Segala, 2017.

Os sinais estão sendo produzidos à frente do sinalizante, mais para direita (1), mais para si no eixo do corpo (2), mais para a esquerda e abaixo (3) e mais para cima à frente (4), respectivamente. Esses são os quatro espaços que foram especificados pelo sinalizante ao produzir o enunciado e que estão associados às palavras (os sinais produzidos com as mãos com as respectivas configurações de mãos, localizações, movimentos, orientações), aos diferentes posicionamentos do torso, aos diferentes posicionamentos da cabeça, ao direcionamento do olhar, além de estarem associados às expressões faciais. Cada um desses elementos compõe mecanismos gramaticais que são combinados para a produção de enunciados coesos e coerentes

(Quadros, 2019). Esses mecanismos gramaticais que estabelecem pontos no entorno do sinalizante são usados para estabelecer referência de diferentes naturezas (pessoas, ideias, sentimentos, lugares, tempo).

No exemplo (56), o Espaço 1 estabelece o ponto à direita por meio do uso do direcionamento do olhar associado à produção do sinal deslocada para o lado direito, com o movimento do sinal na mesma direção do olhar. Então, aqui temos dois mecanismos gramaticais que são usados para estabelecer pontos no espaço: (i) direcionamento do olhar e (ii) produção do sinal no espaço no qual está sendo estabelecida a localização da referência. Nesse caso, a referência é temporal: *no início da minha vida.*

O Espaço 2 envolve a apontação para si associada a uma inclinação do torso para dentro estabelecendo o ponto espacial no próprio corpo, o corpo passa a ser a localização espacial referencial. Nesse caso, indicando a primeira pessoa do discurso. Os mecanismos usados, portanto, foram dois: (iii) a apontação manual e (iv) a inclinação do torso.

O Espaço 3 marcado à esquerda e abaixo está associado com diferentes mecanismos gramaticais: (iv) a inclinação do torso associada à (v) inclinação da cabeça, o (i) direcionamento do olhar e o (ii) posicionamento dos sinais produzidos na localização espacial, à esquerda e abaixo. Nesse caso, essa composição de mecanismos referenciais está sobreposta a um outro mecanismo gramatical usado nas línguas de sinais que é o *role shift*, ou seja, alternância de papéis. Nessa parte do enunciado, há um encaixamento oracional: *os pais sinalizando para o bebê por longo período.* Esse mecanismo gramatical é usado para marcar construções complexas (depois retornaremos a ele ao discutirmos unidades oracionais complexas).

O Espaço 4 foi sinalizado por meio da produção das palavras (ii) para cima à frente do sinalizante, indicando referência temporal.

Dessa forma, nesse exemplo verificamos pelo menos cinco *mecanismos gramaticais usados para marcar a referência no espaço de sinalização:*

i) Direcionamento do olhar
ii) Produção do sinal espacial
iii) Uso da apontação
iv) Inclinação do torso
v) Inclinação da cabeça

O espaço de sinalização é onde a enunciação acontece. Os pontos estabelecidos neste espaço compreendem locações acima, abaixo, à frente e para os lados para indicar referentes do discurso. As pessoas, as coisas, as ideias, assim como o tempo e os lugares, podem virar pontos específicos no espaço e serem referidos anaforicamente ao longo do discurso.

A retomada desses pontos pode ser feita por mecanismos coesivos (Soares, 2020) que envolvem a reiteração ou a repetição, podendo se dar pelos mesmos mecanismos gramaticais que introduziram os pontos no espaço, associados ao mesmo ponto previamente estabelecido. O ponto no espaço pode agregar diferentes informações, o que é o caso do Espaço 3, que indica a referência ao "bebê", à esquerda abaixo, e ao tempo em que os pais sinalizavam para o bebê, por meio da alternância de papéis; o torso está inclinado na direção da localização do bebê, incorporando os pais, que sinalizavam para o bebê de forma contínua.

O sinalizante também pode estabelecer subespaços no espaço de sinalização. No exemplo, os espaços de sinalização envolvem dois subespaços: aquele em que o sinalizante narra a história ao seu interlocutor e aquele em que ele utiliza o *role shift* para encaixar uma narração que acontece em outro tempo, o tempo no qual o sinalizante havia nascido e como ele havia sido exposto à língua de sinais desde o seu nascimento pelos seus pais surdos. O mecanismo gramatical de estabelecimento dos espaços de sinalização é muito utilizado na Libras, que remetem a diferentes tempos, a diversos modos, a variados níveis de encaixamento da estrutura da frase. Essa é uma forma de realizar a recursividade na Libras, ou seja, manifestar a possibilidade de engatar várias orações de forma relacionada com diferentes níveis de dependência sintática e semântica. Recursividade é uma propriedade das línguas humanas e é atestada na Libras também a partir dos usos do espaço de sinalização.

Outro componente espacial importante nas línguas de sinais é o próprio corpo usado como ponto espacial, o que observamos no exemplo, no Espaço 2. O corpo passa a desempenhar um dos pontos marcados do espaço e a ser referencial, ou seja, ocupa a primeira pessoa do discurso, que pode ser o próprio sinalizante ou outro referente que seja incorporado no corpo do sinalizante. Aqui vemos uma função dêitica no corpo do sinalizante, ou seja, o corpo pode ser a primeira pessoa, EU, em sinais que dependerão do discurso e contexto para serem identificados, podendo ser o próprio sinalizante ou o referente incorporado enquanto EU. No exemplo, quando o sinalizante inclina o corpo e a cabeça e produz sinais para o bebê, o EU refere aos pais do bebê. Quando o sinalizante se move e direciona o olhar para o interlocutor, o EU passa a ser o próprio narrador. O uso do corpo como referência possibilita o apagamento dos argumentos que remetem a ele. Assim, atestamos sujeitos e objetos nulos licenciados por meio da presença do corpo, um licenciamento discursivo.

A seguir, vamos estudar a estrutura da frase na Libras considerando os componentes que formam as orações por meio dos sinais e das marcações não manuais.

A ESTRUTURA DA FRASE

As frases na Libras são formadas por meio da combinação de sinais e das marcações não manuais. Nos estudos linguísticos das línguas faladas, os componentes analisados remetem às palavras de conteúdo (nomes, verbos, pronomes, advérbios e adjetivos) e às palavras funcionais (preposições, conjunções e artigos). As palavras de conteúdo trazem informações de conteúdo produzidas com as palavras funcionais, que estabelecem relações consideradas mais gramaticais. Por exemplo, em português, se trocarmos uma preposição, mudaremos completamente a relação estabelecida entre as mesmas palavras:

(57) a. Eu compro uma bicicleta **de** um amigo.
      b. Eu compro uma bicicleta **para** um amigo.

Na Libras, essa relação acontece por meio da marcação no espaço e do movimento numa ou noutra direção. Veja os exemplos análogos ao português:

(58) a. [EU]1 [ELE AMIGO]2 COMPRAR2 BICICLETA2 DELE2

Eu compro a bicicleta de um amigo.

b. [EU]1 [BICICLETA]3 COMPRAR3 3DAR2 AMIGO2

Eu compro a bicicleta e dou para um amigo.

Nesse exemplo, precisamos ter os pontos estabelecidos no espaço para AMIGO (indicado por (58a)) e para BICICLETA (58b) e fazer as relações necessárias por meio de palavras associadas aos pontos e movimentos entre os pontos referenciais para deixar claras as relações que são análogas às expressas por meio de preposições no português. O ponto 1 é o próprio corpo do sinalizante, indicando a primeira pessoa do discurso, EU. Então, o uso do espaço e dos pontos referenciais estabelecidos neste espaço são gramaticalizados na Libras.

Alguns estudos trazem também questões relativas à prosódia, ou seja, a parte da gramática que trata da entonação e acento das palavras e das orações. Na Libras, assim como com outras línguas de sinais, também consideramos as palavras de conteúdo (as que formam o léxico da língua, também denominadas palavras conceituais) e funcionais (que desempenham papel gramatical). No entanto, a grande maioria dos estudos das línguas de sinais traz como central o papel gramatical das marcações não manuais. Por exemplo, na introdução deste capítulo, trouxemos um exemplo de uma oração que apresenta palavras e marcações não manuais. Sempre analisamos estes dois níveis da gramática nas línguas de sinais, uma vez que tais línguas são produzidas no corpo e são percebidas visualmente. Essas marcações não manuais são muito importantes, pois várias vezes os sinais ficam em segundo plano, uma vez que o próprio corpo já expressa o significado e as relações de sentido estabelecidas pelo sinalizante.

As marcações não manuais compreendem expressões faciais, inclinações da cabeça e do corpo, direção do olhar, piscar dos olhos, graduações na abertura e fechamento dos olhos e movimentos da boca. Tais marcações já contam com alguns mapeamentos identificando padrões gramaticais existentes na Libras. Vamos considerar essas marcações ao apresentar aos tipos de estruturas da frase na Libras que já foram estudadas (Quadros, 1999; Quadros e Karnopp, 2004; Royer, 2019; Quadros, 2021b).

Quadros (1999) e Royer (2019) estudaram a ordem das palavras na Libras. Quadros (1999) identificou a ordem Sujeito-Verbo-Objeto (SVO) como ordem básica nesta língua. Seu estudo foi baseado em produções elicitadas, ou seja, a pesquisadora conversou com sinalizantes surdos solicitando produções por meio de vários testes com a presença de verbos simples e verbos com concordância na Libras, assim como produções com marcações não manuais e sem marcações não manuais, com inserção de advérbios e produções de orações complexas para verificar a ordem básica. Depois de todos os testes produzidos, a autora concluiu que a Libras apresenta a ordem SVO como ordem básica, embora várias outras ordenações foram identificadas. No entanto, foram mapeadas todas as demais ordenações e verificou-se que elas partem da ordem básica, mas são licenciadas por meio de vários mecanismos gramaticais. Vamos ver alguns desses testes e exemplos analisados pela autora.

Todas as orações sem marcações não manuais foram produzidas na ordem SVO. Quando há interação com as marcações não manuais, as produções podem ter alterações na ordem, passando a ter o objeto da oração na posição inicial e o verbo na posição final, ou seja, orações Objeto, Sujeito e Verbo (OSV) ou Sujeito-Objeto-Verbo (SOV).

(59) EU GOSTAR SORVETE CHOCOLATE.

Eu gosto de sorvete de chocolate.

No exemplo (59), temos uma oração SVO, em que EU é o sujeito, GOSTAR é o verbo e SORVETE CHOCOLATE é o objeto. Essa mesma oração pode se apresentar em diferentes ordenações, dependendo das relações discursivas estabelecidas que são marcadas por meio de marcações não manuais.

Uma das marcações não manuais identificadas em várias produções foi a elevação das sobrancelhas.

Figura 6 – Elevação das sobrancelhas

A elevação das sobrancelhas é atestada em várias produções na Libras. É uma marcação não manual gramaticalizada, ou seja, ela marca alguns tipos de orações. Um deles identificado por Quadros (1999) são as construções topicalizadas, ou seja, construção que destaca uma parte da oração e tece comentário sobre ela ao longo do restante da oração ou orações. Normalmente, a parte destacada é o objeto da oração que é apresentado inicialmente, provocando a alteração da ordem na oração. As topicalizadas usualmente introduzem o tópico e acrescentam informações novas sobre esse tópico. Vejamos o contraste entre duas orações, uma sem marcação topicalizada e outra com marcação topicalizada na Libras. A autora observou que a marcação não manual da elevação das sobrancelhas é recorrente na Libras nas construções topicalizadas.

(60) [SORVETE]top EU GOSTAR CHOCOLATE

De sorvete, eu gosto do de chocolate.

O exemplo em (60) contrasta com o exemplo em (59), pois há um destaque na palavra SORVETE associada à marcação não manual de elevação de sobrancelha, o que acrescenta uma função discursiva diferente à oração. Em (59), o sinalizante simplesmente declara que gosta de sorvete de chocolate. Já em (60), ele destaca que, entre as diferentes opções de sorvete, ele gosta da de chocolate. Nesse último exemplo, o destaque dado à palavra SORVETE estabelece uma nova relação discursiva. A marcação não manual de elevação da sobrancelha contribui para este significado estabelecido nesta produção, associado com a nova ordenação dada à oração, ou seja, com o objeto da sentença na posição inicial.

Esse par de exemplos ilustra duas possíveis ordenações na Libras: SVO e OSV.

Outro mecanismo gramatical que autoriza diferentes ordenações na Libras envolve os tipos de verbos usados nesta língua. Quadros (1999) observou que as orações com verbos simples e verbos de concordância também são identificados como contrastantes, considerando o sentido do predicado por Jo Napoli, Sutton-Spence e Quadros (2017). Quadros (1999) identificou que orações com verbos simples normalmente são produzidas na ordem SVO, mas as orações com verbos com concordância, verbos instrumentais e verbos classificadores podem ter diferentes ordenações. Como apresentado no capítulo "Morfologia", os verbos com concordância são direcionais, estabelecendo relações argumentais por meio do movimento de um ponto referencial ao outro. Esses verbos também parecem incluir o objeto de forma sutil na própria configuração da mão. Por exemplo, no verbo DAR, parece que o sinalizante está segurando alguma coisa que está sendo dada a alguém. O movimento de um ponto ao outro, no caso do verbo DAR, estabelece uma relação entre quem dá e quem recebe (argumento externo, o sujeito da oração, e o argumento externo, o objeto da oração):

SINTAXE

(61) EU1 1DAR-2 LIVRO3 2ELA

Eu dei o livro a ela.

No formato do sinal DAR parece que o LIVRO está na mão do sinal DAR. O sinal parece estar segurando o LIVRO que está sendo dado a ELA. DAR está iniciando na posição 1, primeira pessoa do discurso situada no próprio corpo do sinalizante, "segurando" o referente 3, o LIVRO, e se movendo em direção a ELA, indicada pelo ponto 2. DAR é um verbo de concordância clássico que incorpora os pontos estabelecidos previamente no discurso para estabelecer relações gramaticais. Esses verbos parecem autorizar mudanças na ordem das palavras. Por exemplo: eu poderia indicar os referentes antes e simplesmente sinalizar 1DAR2-3 ou 2-3DAR1. Nesse caso, 1, 2 e 3 incorporados no verbo podem ser facilmente recuperados, indicando quem dá o livro para quem:

(62) a. LIVRO3 ELA2 EU1 1DAR2

O livro, eu dou para ela.

b. LIVRO3 ELA2 2DAR1

O livro, ela me dá.

Obviamente, essas alterações na ordem envolvem diferentes destaques que implicam informações discursivas, imprimindo diferenças nas relações de sentido estabelecidas pelo sinalizante. A tendência é marcar não manualmente a introdução dos referentes no espaço antes de sinalizar o verbo DAR por meio da direção do olhar e da elevação das sobrancelhas. Quadros (1999) verificou que orações não realizadas na ordem SVO são sempre mais marcadas, ou seja, envolvem mais mecanismos gramaticais para serem produzidas em outras ordenações.

Outra categoria verbal envolve os verbos instrumentais, ou seja, aqueles que incorporam o instrumento no próprio verbo de forma mais explícita. Por exemplo, PRENDER-ROUPAS-VARAL, assim como os verbos classificadores, verbos que reproduzem formas e ação a partir da situação real, com configurações de mão padronizadas, tipo PESSOA-CAMINHAR. Jo Napoli, Sutton-Spence e Quadros (2017) verificaram que esses verbos tendem a ser orações extensionais na ordem OV, Objeto-Verbo, ou seja, com o objeto na posição inicial e o verbo na posição final, em contraste com verbos intensionais que tendem a manter a ordem SVO. Os verbos extensionais incorporam o objeto e, em contraste, os verbos intensionais não incorporam o objeto. Para Quadros (1999), os verbos simples são extensionais e priorizam a ordem SVO, enquanto os verbos instrumentais e classificadores são produzidos normalmente na ordem com verbo final (SOV ou OSV). O sujeito da oração pode ser apagado e recuperado discursivamente, por isso Jo Napoli, Sutton-Spence e Quadros (2017) indicam a ordenação entre o objeto e o verbo: OV (verbo final) ou VO (verbo inicial).

(63) ROUPA (EU) [PRENDER-ROUPA-VARAL]

Eu prendo a roupa no varal.

(64) MENINA RUA [PESSOA-CAMINHAR]cl

A menina caminha pela rua.

No caso dos verbos instrumentais e dos verbos classificadores, não é necessário marcar não manualmente o objeto, ou seja, não parece ser necessário dar destaque por meio da topicalização para produzir o objeto na posição inicial. O próprio verbo, segundo Quadros (1999), é tão carregado, tão "pesado", por conter o objeto incorporado, que "empurra" o objeto para a posição inicial para ocupar a posição final, já que contém o objeto na sua morfologia, objeto este que ocupa normalmente a posição final.

Royer (2019) analisou os resultados de Quadros (1999) a partir dos dados do *Corpus* de Libras, do Inventário Nacional de Libras, com produções da Grande Florianópolis. A autora identificou as unidades oracionais na Libras de surdos dessa região do país e confirmou que as orações com argumentos realizados de orações transitivas apresentam a ordem SVO, ou seja, verbos transitivos que possuem um argumento externo, o sujeito oracional, e um argumento interno, o objeto da sentença, normalmente estão na ordem SVO, confirmando os resultados de Quadros (1999). Royer (2019) também identificou que há outras ordenações possíveis na Libras, mas não detalhou as análises no escopo da pesquisa realizada por ocasião do seu mestrado. Com base em Quadros (1999) e Royer (2019), as autoras Royer e Quadros (2021, 2023) e Lourenço, Murta e Quadros (2023) apresentam dados do *Corpus* de Libras, Inventário Nacional de Libras – Surdos de Referência para ilustrar essas ocorrências com base nos usos da Libras.

No exemplo a seguir, as autoras ilustram o uso da ordem SVO nos dados:

(65) SVO (verbo simples)

[SINAL(Marisa) IX(ele)]^S TER^V HISTORIA^O ENTÃO
O sinal-Marisa tem história então.

Fonte: Royer e Quadros, 2023: 39, exemplo 29; *Corpus* de Libras: Lima, 2017.

Nesse exemplo, a sinalizante refere ao seu sinal, SINAL(Marisa) IX(ele), sujeito da oração, usa o verbo TER e o objeto HISTÓRIA, produzindo a sentença na ordem básica SVO.

As autoras também identificaram vários exemplos com diferentes ordenações. No exemplo a seguir, Quadros et al. (2023) ilustram uma oração topicalizada:

(66) Sentença com tópico (OSV)

[PROFESSOR]tópico IX(eu) GOSTAR E(positivo)
O professor, eu gostei muito, bom mesmo

Fonte: Lourenço, Murta e Quadros, 2023: 71, exemplo 95; *Corpus* de Libras: Segala, 2017.

Em (66), PROFESSOR é o objeto da sentença elevado para a posição inicial em função do tópico. É possível também marcar o tópico no objeto oracional, conforme segue:

(67) Sentença com tópico oracional

[TEMPO-ATRÁS   ÁREA   GRUPO   ÁREA   DELE

PERÍODO]top   USAR   SINAL   VERDE

[Há tempo atrás, o grupo dele, naquele período]$_{top}$, usava o sinal de VERDE(variante do Ines desta época).

Fonte: Lourenço, Murta e Quadros, 2023: 75, exemplo 102; *Corpus* de Libras: Lima, 2017.

Em (67), o objeto oracional selecionado pelo verbo USAR está topicalizado: [TEMPO-ATRÁS AREA GRUPO ÁREA DELE PERÍODO]top.

O objeto topicalizado está associado com a elevação das sobrancelhas, indicando o destaque dado ao tópico oracional.

A topicalização pode estar associada com outras partes da sentença. Por exemplo, em (68), o advérbio AGORA está topicalizado:

(68) Sentença com o advérbio topicalizado

[AGORA]tópico   IX(eu)   37

Agora, estou com 37 anos.

Fonte: Lourenço, Murta e Quadros, 2023: 73, exemplo 98; *Corpus* de Libras: Segala, 2017.

Royer e Quadros (2023) também apresentam exemplos de outras ordenações em orações com verbos com concordância, verbos reversos, verbos de instrumento e verbos classificadores, conforme a seguir:

(69) Sentença com objeto oracional
(verbo com concordância: AJUDAR)

[letras-librasAJUDAR1]^V | DESENVOLVER^V MESTRADO^O

O Letras-Libras ajudou a me desenvolver para o mestrado

Fonte: Royer e Quadros, 2023: 49, exemplo 51; *Corpus* de Libras: Segala, 2017.

O verbo AJUDAR apresenta concordância marcada. Neste exemplo, o verbo AJUDAR incorporou o sujeito 'Letras-Libras' e selecionou o objeto oracional com a concordância, incorporando a primeira pessoa: (eu) DESENVOLVER^V MESTRADO^O.

(70) Exemplo com verbo instrumental (manual)

TIRAR-MOCHILA-COSTAS   COLOCAR-MOCHILA-CADEIRA

Tirou a mochila das costas e colocou na cadeira.

Fonte: Royer e Quadros, 2023: 51, exemplo 58; *Corpus* de Libras: Lima, 2017.

Em (70), a sinalizante usa o verbo instrumental, "segurar as alças da mochila", para tirar das costas e colocar na cadeira, são duas orações que utilizam o verbo instrumental com a incorporação do sujeito da primeira pessoa marcado no corpo da sinalizante e o objeto incorporado "mochila" no próprio verbo. A primeira pessoa do discurso é o personagem da narrativa, Chaplin, por meio da alternância de papéis neste exemplo. Nesta oração, temos o sujeito e o objeto apagados por estarem no próprio verbo, dispensando a necessidade de pronunciá-los. No entanto, podemos recuperá-los facilmente. Assim, a oração com os argumentos recuperados pode ser traduzida como "Chaplin tirou a mochila das costas e Chaplin colocou a mochila na cadeira", duas orações (S)V(O) – os parênteses indicam o apagamento do sujeito e do objeto.

(71) Dois tipos de classificadores de pessoa: ereto e andando

[MENINO   CL(andar)]direita CL(homem)esquerda
Enquanto o homem estava parado, o menino desviou e correu.

Fonte: Royer e Quadros, 2023: 52, exemplo 60; *Corpus* de Libras: Lima, 2017.

O exemplo (71) apresenta o classificador de pessoa (um classificador de entidade) que está categorizado por meio da configuração de mão com o dedo indicador para cima, simbolizando o homem parado, e o classificador com os dedos indicador e médio dobrados, simbolizando as pernas associadas ao movimento para representar o menino andando (o menino desviou e correu). A marcação temporal é feita com o uso das duas mãos, a mão direita indicando a primeira oração "Homem estava parado" e a segunda mão produzindo a segunda oração, que inclui uma terceira oração "O menino desviou e correu". A relação da mão direita com a esquerda indica a ação temporal: "enquanto". Independentemente dessa complexidade, temos aqui dois verbos classificadores incorporando todas essas informações que não foram pronunciadas de forma independente do verbo, ou seja, estão codificadas apenas por meio dos próprios verbos classificadores. Tais verbos são considerados 'pesados' e, quando há pronúncia dos argumentos de forma independente, aparecem antecedendo os verbos classificadores.

Nesses exemplos, vemos ordenações das palavras possíveis que se apresentam nas produções em Libras (ver mais exemplos em Royer e Quadros, 2023; Lourenço, Murta e Quadros, 2023).

A COMPOSIÇÃO DAS UNIDADES ORACIONAIS COMPLEXAS

A recursividade é uma propriedade das línguas humanas aplicada para encaixar orações de forma ilimitada a fim de expressar ideias. Os seres humanos usam a língua de forma encadeada e um dos recursos aplicados envolve essa propriedade linguística (Chomsky, 1965). Segundo Battisti, Othero e Flores (2021: 204), a propriedade de recursividade é que viabiliza a produção de vários sintagmas encadeados que podem ser produzidos sem limite. Na verdade, Chomsky (1965) menciona que o limite é determinado pela capacidade de processamento, mas não por uma imposição linguística. Em função da produtividade, podemos ir emendando uma oração na outra o quanto quisermos, como esse exemplo no português: *O João que estava ao lado da Maria que queria conversar com o Pedro que não estava presente...* e assim sucessivamente. O limite que colocamos tem a ver com o processamento, pois perdemos o fio da meada. Rocha (2021) analisou dados do Inventário Nacional de Libras e identificou vários exemplos de produções que evidenciam a aplicação da recursividade na Libras. A autora identificou estratégias aplicadas pelos sinalizantes para produzir orações encaixadas em Libras. Entre elas, (a) o uso da apontação para introduzir orações encaixadas; (b) o uso das duas mãos com informações diferentes de forma simultânea; (c) o uso de sinais que indicam uma relação entre as orações, por exemplo, o sinal PORQUE, O-QUE, PARECER, SE; e (d) marcações não manuais, tais como os movimentos do tronco, os movimentos da cabeça para cima e para baixo, o direcionamento do olhar, a elevação ou contração das sobrancelhas para combinar orações.

Partimos deste estudo e avançamos nas análises da aplicação da recursividade na Libras dentro da perspectiva funcionalista, que apresenta análises das relações entre as orações combinadas a partir das relações semânticas. Os sentidos estabelecidos entre as partes podem ter mais ou menos dependência. Hopper e Traugott (1993) definem a articulação de orações complexas num *continuum* de dependência e encaixamento, considerando três tipos de combinações:

a. orações paratáticas – são as que não apresentam relação de dependência, mas são combinadas (juntadas) para encadear as ideias;
b. orações hipotáticas – apresentam dependência, mas não são encaixadas, ou seja, as relações são estabelecidas por meio de orações adjetivas e adverbiais;
c. orações encaixadas – apresentam dependência e são encaixadas, ou seja, são orações que ocupam posições argumentais (as substantivas subjetivas e objetivas, ocupando a posição do sujeito ou do objeto, respectivamente), ou são encaixadas para explicitar algo sobre um referente (as relativas, por exemplo).

Vamos ver exemplos destes tipos de orações para compreendermos de forma mais clara o que representam na Libras.

As orações paratáticas não apresentam dependência, segundo Hopper e Traugott (1993). Isso quer dizer que elas são combinadas de forma justaposta (agregadas uma à outra) para comporem uma oração coordenada. Há três tipos de parataxe que podem ser marcadas manualmente por meio de um conectivo associado à marcação não manual ou ainda somente com a marcação não manual. Tais tipos foram estudados por Quadros,

Silva e Machado (2023), a (a) parataxe conjuntiva, que combina orações; a (b) parataxe adversativa, que combina uma oração que marca uma oposição ou contraste, e a (c) parataxe disjuntiva, que apresenta orações separadas ou alternadas. A seguir trazemos um exemplo de cada tipo com marcações manuais associadas às marcações não manuais analisado por Quadros, Silva e Machado (2023):

(72) Parataxe conjuntiva

1IR(escola) 3APOIAR1+ IX(3) 3FALAR-ORAL1 TAMBÉM 3FALAR-ORAL1 IX(3)

Eu ia naquela escola que me dava apoio sistematicamente e eles falavam comigo, sim, também falavam comigo.

Fonte: *Corpus* de Libras: Campello, 2017.

(73) Parataxe adversativa

IX(eu) SOFRER JÁ PROCESSO MAS1 IX(eu) ADQUIRIR FORTE IX(eu) FORÇA

Eu sofri muito, mas isso me tornou poderosa e forte.

Fonte: *Corpus* de Libras: Ferreira, 2017.

(74) Parataxe disjuntiva

É APAE LA OU ESCOLA

Era Apae ou escola ouvinte.

Fonte: Quadros, Silva e Machado, 2023; *Corpus* de Libras: Lima, 2017.

Temos também as orações hipotáticas na Libras que foram estudadas, por exemplo, por Quadros e Ludwig (no prelo), Ludwig, Quadros e Silva (2022); Ludwig, Quadros e Santos (2022), Rodrigues e Souza (2019). A seguir, apresentamos alguns exemplos de orações hipotáticas na Libras.

(75) Hipotaxe causal

[<elevação das sobrancelhas/piscar dos olhos/articulações-boca> PORQUE] (IX) (EU) TER BASE BOM IX (EU) PERCEBER IX(EU) ENTENDER CONTEXTO E (área) ÁREA

Fonte: Ludwig, Quadros e Rodrigues-Silva, 2022: 13; *Corpus* de Libras: Lima, 2017.

No exemplo (75), os autores destacam a marcação manual PORQUE e a marcação não manual de elevação da cabeça com elevação da sobrancelha, que é muito comum nas orações hipotáticas causais. Ludwig,

Quadros e Rodrigues-Silva (2022) também destacam o piscar de olhos como marcador de fronteira sentencial entre orações complexas. Nesse exemplo, há uma relação causal entre o fato da sinalizante perceber e compreender a área, uma vez que tem uma base boa.

(76) Hipotaxe temporal

EU   COMEÇAR   DESENVOLVER   AQUI

DURANTE   ATÉ   OITAVA SÉRIE ATÉ(boia)

Eu comecei e fui desenvolvendo durante este período, até quando cheguei na oitava série.

Fonte: Ludwig, Quadros e Santos, 2022: 92; *Corpus* de Libras: Segala, 2017.

Em (76), temos uma oração hipotática adverbial temporal com a marcação de tempo que indica o período [DURANTE ATÉ], no qual o sinalizante estudava. Os autores observaram a marcação não manual de olhos semicerrados na primeira parte da oração, até o sinal DURANTE.

Nesse ponto, o sinalizante passa a elevar as sobrancelhas marcando a segunda oração [ATÉ OITAVA SÉRIE]. Os sinais DURANTE e ATÉ articulam a oração temporal nesse caso.

Um exemplo de oração encaixada substantiva objetiva é apresentado por Rocha, Ludwig e Quadros (no prelo), a seguir:

(77) Oração encaixada substantiva objetiva

MOSTRAR   O-QUE   PROCESSO

AQUISIÇÃO   IX(eu)   INFLUENCIAR

SINTAXE

ENTÃO　　　　PROCESSO

Isso mostra que o meu processo de aquisição teve influência [de ouvintes e surdos] ao longo do desenvolvimento.

Fonte: Rocha, Ludwig e Quadros, no prelo; *Corpus* de Libras: Ferreira, 2017.

Neste exemplo, o sinal O-QUE introduz o objeto sentencial selecionado pelo verbo MOSTRAR que compõe a oração encaixada: PROCESSO AQUISIÇÃO IX(eu) INFLUENCIAR ENTÃO PROCESSO. A relação de dependência desta oração encaixada é completa, pois, se separarmos a oração, a principal ficará incompleta. Por isso, Hopper e Traugott (1993) analisaram este tipo de construção com [+dependente] e [+encaixada]. Isso também se aplica quando o sujeito é oracional. Temos também um exemplo de oração relativa para ilustrar outro tipo de encaixamento atestado na Libras. O exemplo de oração relativa foi identificado também por Rocha, Ludwig e Quadros (no prelo):

(78) Oração relativa restritiva

EU　　　　CHEGAR　　　　CASA　　　　MEU

Eu chegava em casa e meu vizinho, que parece me salvar, que morava perto de mim, e ele que era meu colega, e estudávamos juntos na mesma sala.

Fonte: *Corpus* de Libras: Lima, 2017.

Neste exemplo de orações relativas restritivas, contamos com dois encaixamentos, o primeiro ELE PARECER SALVAR (*que parece me salvar*) e o segundo ELE VIZINHO (*que morava perto de mim*). Há marcações não manuais que em conjunto indicam o encaixamento: o direcionamento do olhar, a inclinação da cabeça, a inclinação do queixo para baixo, a inclinação do tronco para trás. Esse conjunto de marcações não manuais faz uma espécie de destaque da oração durante a produção da oração complexa. Os autores também identificaram que entre as orações houve o piscar de olhos.

Temos, portanto, evidências da propriedade de recursividade na Libras. Vários autores têm investigado diferentes tipos de orações na Libras. Dados do Inventário Nacional de Libras que integram o *Corpus* de Libras têm sido usados para descrevê-la. Vimos alguns exemplos neste capítulo. Outros exemplos podem ser acessados na *Gramática da Libras* em suas duas edições, a versão em Libras de 2021, publicada pela Editora Arara Azul (Quadros, 2021) e a versão impressa, publicada pela Editora do Ines (Quadros et al., 2023b).

O *Corpus* de Libras tem sido acessado por pesquisadores da Libras para descrever sua gramática em diferentes níveis, entre eles, destacamos neste capítulo, a sintaxe.

REFLEXÕES FINAIS

A sintaxe das línguas de sinais, em especial, da Libras, apresenta importância no contexto dos estudos das línguas em geral, pois contribui para a valorização das línguas de sinais, por meio de reconhecimento linguístico, e, também, para os estudos linguísticos. Analisar as línguas de sinais que se apresentam em uma modalidade visual-espacial abre novas perspectivas no campo dos estudos linguísticos. Por exemplo, a presença de marcações não manuais como determinantes da estrutura sintática das línguas de sinais faz com que sejam reanalisados os papéis da prosódia nos estudos das línguas em geral. Parece que temos diferentes *status* linguísticos para componentes expressos por meio das articulações que sempre receberam a atenção, como o som produzido para formar palavras, por exemplo. Parece que a prosódia, por meio de marcadores não articulatórios tidos como básicos, apresenta muito mais informação linguística do que mereceu atenção em vários anos dos estudos neste campo de investigação. Outro exemplo importante no estudo da estrutura sintática das línguas de sinais é a presença de classificadores ou descritivos visuais que apresentam alto valor icônico. Eles atingem diretamente a estrutura da língua impactando na ordem dos constituintes, por exemplo. A iconicidade, então, é retomada nos estudos linguísticos com muito mais atenção nos últimos anos. A Libras tem sido analisada a partir do *Corpus* de Libras com dados do Inventário Nacional de Libras, por meio de estudos descritivos, contribuindo diretamente para as pesquisas das línguas de sinais no contexto internacional. O fato de estarmos analisando a língua a partir dos usos tem trazido elementos muito importantes para os estudos das línguas de sinais, pois estamos mapeando aspectos que antes não haviam sido identificados. Os conectores manuais e as marcações não manuais gramaticais elucidam a estrutura sintática desta língua. Estamos avançando nas pesquisas, o que também impacta na educação e no ensino da Libras. A presença de pesquisadores surdos tem sido fundamental nesse processo, uma vez que qualifica tais estudos com surdos linguistas.

Semântica

Grosso modo, costuma-se dizer que a Semântica estuda o significado. A busca por entender o significado remonta os estudos clássicos sobre a linguagem e, passados mais de dois mil anos, entender isso ainda não é algo simples, ou, nas palavras de Lyons (2013: 111), "ninguém conseguiu ainda apresentar uma resposta satisfatória" para o que é o significado. Para o autor, uma das visões tradicionais sobre os estudos da linguagem preconiza que "a linguagem é uma ponte entre o som e o significado" (2013: 111), visão que requer ser revista por se tratar de uma proposição inconsistente do ponto de vista filosófico, e que não faz sentido quando se traz essa realidade para as línguas de sinais, cuja expressão linguística não se dá por meio dos sons. Sendo assim, como acontece a relação de quem é surdo com as coisas do mundo, ou, dito de outra forma, com o significado, uma vez que a realidade sonora não é alcançada sensorialmente para quem é surdo? Essa é uma questão a mais que pode ser adensada às inquietações propostas por Lyons para a compreensão do significado e, portanto, da semântica.

Johnston e Schembri (2007) fornecem uma ampla discussão sobre a distinção do significado descritivo, social e expressivo com foco na língua de sinais australiana. Isso aponta para uma abrangência conceitual do que vem a ser o significado. Ou seja, quando se fala em significado, há uma vasta possibilidade de abordagem acerca do que pode abranger uma ciência cujo objeto de estudo é o significado, como é o caso da Semântica. Em virtude disso, parece coerente falar em semânticas, e não em semântica.

Ferrarezi Jr. e Basso (2013) organizaram um livro intitulado *Semântica, semânticas: uma introdução*, em que são apresentados nove capítulos acerca da Semântica, assim denominados: "Semântica Argumentativa", de Luci Borges Barbisan; "Semântica Cognitiva", de Paula Lenz; "Semântica Computacional", de Luiz Arthur Pagani; "Semântica Cultural", de Celso Ferrarezi Junior; "Semântica da Enunciação", de Valdir do Nascimento Flores; "Semântica dos Protótipos", de Erik Miletta Martins; "Semântica e Psicolinguística Experimental", de Maria Luiza Cunha Lima; "Semântica Formal", de Renato Basso; e "Semântica Lexical", de Teresa Cristina Wachowicz. Como diz Rodolfo Ilari, o mais importante semanticista brasileiro, no prefácio do referido livro, a Semântica, em sua diversidade, está mais viva do que nunca. Esta publicação demonstra o quão amplo é o escopo do que tem sido denominado por Semântica, esta ciência que estuda o significado.

A Semântica estabelece interfaces muito ricas com outras áreas do conhecimento, como a Computação, a Filosofia, a Lógica, a Matemática, a Cultura, a Psicologia, a Cognição, a Tradução, a História, dentre outras, o que possibilita "as semânticas adjetivadas", como ocorre em cada capítulo contido no livro organizado por Ferrarezi Jr. e Basso (2013).

Se a tradição de pesquisas da linguagem ainda não deu conta de estudar de forma satisfatória as nuances que permeiam o significado em línguas orais, o que dizer em se tratando das línguas de sinais, cuja descrição gramatical ainda é bastante insipiente e absolutamente recente? A discussão e mesmo a necessidade de se justificar que as línguas de sinais são, de fato, línguas naturais e que, portanto, apresentem uma gramática que lhes é própria são coisas superadas. No entanto, entender o funcionamento dessas línguas ainda é um desafio para a Linguística moderna, especialmente no que concerne à Semântica, pois há escassez de pesquisas na área, consequentemente, de materiais teóricos e de apoio pedagógico para a formação de professores, tradutores intérpretes e de pesquisadores na área de descrição de línguas de sinais.

O objetivo deste capítulo é fornecer uma introdução à Semântica da Libras, tomando o léxico e a sentença como objetos de análise. Embora o significado possa ser abordado sob uma perspectiva mais ampla (semiótica), para fins desse material, o enfoque será linguístico, ou seja, semântico, sem, contudo, deixar de reconhecer as múltiplas possibilidades de interface com as quais a semântica pode dialogar.

Embora a língua-alvo para as discussões e análises semânticas aqui empreendidas seja a Libras, outras línguas de sinais serão usadas para fins comparativos de certas instâncias do significado, a exemplo da iconicidade.

A SEMÂNTICA E SEUS OBJETIVOS

Conforme Vidal (2011), a Semântica tem os seguintes objetivos: a) caracterizar de maneira científica o significado das expressões linguísticas; b) explicar as relações que as expressões mantêm em virtude de seu significado; c) explicar a ambiguidade; d) caracterizar os diferentes tipos de significado; e) explicar a variação contextual do significado; f) explicar como surgem novos significados. Esses objetivos ora estão mais voltados para o léxico, ora a para a composicionalidade. Assim, pode-se inferir que há uma Semântica Léxica, a qual se presta a caracterizar o significado das palavras ou dos sinais com conteúdo lexical, e uma Semântica Composicional, cuja função é explicar o significado das expressões, simples ou complexas, nas línguas – interpretação das expressões com conteúdo gramatical, a sua estrutura e relações sintáticas. Nesse sentido, já se percebem as interfaces entre léxico e semântica e entre sintaxe e semântica.

Com o objetivo de aclarar certas operações semânticas, veja-se o Quadro 8 a seguir e relacione a primeira e segunda colunas, verificando de que forma os itens nelas contidos podem se relacionar.

Quadro 8 – Sinais em Libras

SEMÂNTICA

Fonte: Quadros, 2023.

Qualquer usuário de Libras, ao se deparar com o exercício de verificação do quadro anterior, consegue depreender que sinais como FUSCA e CARRO têm alguma relação (semântica), mesmo que não saiba identificar que se trata de um caso de hiponímia (fusca é hipônimo de carro); ou que ANIMAL estabelece uma relação de hiperonímia com BOI (animal é hiperônimo de boi); ou que entre JOVEM e VELHO há uma relação de antonímia; ou que IDOSO e VELHO[1] são sinais que entre si estabelecem relação de sinonímia; e que entre MARÇO e MARÇO-3, embora sejam sinais diferentes (um caso de variação linguística), há uma referência ao mesmo significado – o terceiro mês do ano. Na prática, a depreensão dessas informações implicadas nas operações semânticas relacionadas indica que os falantes da Libras (poderia ser de qualquer outra língua natural) detêm um conhecimento tácito de sua língua, ou seja, um conhecimento linguístico internalizado capaz de reconhecer as regularidades e estruturas lexicais sobre as quais a língua se sustenta, mesmo sem acesso à instrução formal (ensino) sobre isso, o que denota a sofisticação da linguagem humana.

SEMÂNTICA E LÍNGUAS DE SINAIS

Uma das características fundantes das línguas de sinais é a sua capacidade de expressão linguística por meio de articuladores que podem funcionar simultaneamente. Assim, numa narrativa, por exemplo, o narrador pode, a um só tempo, articular cada uma das mãos, ou as duas de forma simétrica e, simultaneamente, articular alguma informação por meio de expressões não manuais. Neste caso, pode-se dizer que há predicação simultânea, dito de outra forma, cada uma das mãos ou as duas juntas podem dizer X, e, por meio de marcações não manuais no rosto, outro enunciado ser realizado. Veja-se o exemplo a seguir:

(79) Enunciado 1 – Articuladores diversos simultaneamente

Fonte: *Corpus* de Libras: *Corpus* de Libras – Surdos de Referência, 2017.

No enunciado (79), o narrador usa o classificador de pessoa (PESSOA-VIR-MINHA DIREÇÃO), logo na sequência incorpora a pessoa que vem em sua direção e, então, imita-a tentando falar com ele, que é surdo, como se estivesse gritando na frente dele, bem de perto, o que o afronta e o faz afastar o corpo para trás. O jogo semântico implicado no enunciado (79) é bastante complexo e envolve os articuladores mão (direita sozinha), depois ambas as mãos e um conjunto de expressões faciais que mimetizam a figura da personagem que grita frente à face do narrador surdo, numa tentativa de fazê-lo ouvir, além dos movimentos corporais do narrador ao se esquivar da personagem por meio do jogo de papéis (*role-shift*).

Nas línguas de sinais, portanto, o significado vai além do léxico ou do enunciado por si. Os sinais em si, as expressões faciais, os movimentos corporais, o uso do espaço da sinalização, tudo isso junto compõe o significado. Dessa forma, a depreensão do sentido nas línguas de sinais requer o acionamento de aspectos linguísticos segmentais e suprassegmentais, mas também conhecimento sobre a dinâmica de funcionamento dessas línguas e aspectos socioculturais e mesmo afetivos. Nos termos de Cruse (2006), pode-se falar em um significado referencial, social e afetivo.

O significado referencial diz respeito ao fato de que uma palavra ou sentença é a pessoa, objeto, noção abstrata, evento ou estado ao qual esta palavra ou sentença faz referência. Já significado social se refere ao fato de poder identificar certas características sociais dos falantes e situações a partir do caráter da língua utilizada. O significado de caráter afetivo corresponde ao modo como se escolhem as palavras (e sinais) e à estruturação dos enunciados.

Embora existam poucos trabalhos específicos sobre a semântica das línguas de sinais no mundo, considerando que o significado perpassa todos os demais níveis de análise linguística (fonologia, morfologia e sintaxe), a semântica se faz presente mesmo quando não é tratada diretamente. Exemplo disso pode-se observar nos trabalhos de Lexicologia e de Lexicografia, especialmente na elaboração de glossários e de dicionários. Veja-se um exemplo de um recente dicionário organizado por Almeida-Silva, Araújo et al. (2023), intitulado *Cena: dicionário visual da língua de sinais de Várzea Queimada*. O material é apresentado com entrada em língua de sinais Cena[2] e os possíveis significados em português, inglês, Libras e *signwriting*.

Figura 7 – Verbete *junho (s.)* em *Cena*

Fonte: Almeida-Silva; Araújo et al., 2023: 185.

INTRODUÇÃO AO ESTUDO DA LIBRAS

Por trás de todo arcabouço teórico-metodológico que dá sustentação à elaboração de um dicionário estão áreas como a Terminologia, a Lexicologia e a Lexicografia e, claro, a Semântica, mesmo que de forma implícita. Afinal, um bom dicionário tem por objetivo a metalinguagem, portanto, veiculação de significados. No caso do dicionário *Cena*, para o substantivo *junho* convém algumas observações:

a. Em Cena, o nome remete a um aspecto cultural que consiste em "soltar fogos" no mês de junho, nas festas juninas. O sinal (dedo-apontado-para-cima na lateral do sinalizante) mimetiza essa ação.

b. Os dicionaristas fizeram questão de mostrar um contexto em que o referido sinal aparece, disponibilizando ao leitor um enunciado em glosa e o QR-CODE na língua, o que lhe possibilita ver a língua.

c. Ao leitor é demonstrado o sinal em Libras e a informação de que se desconhece o movimento exato do sinal na Libras.

d. Na sequência, o termo tem seu significado expresso em língua portuguesa e em inglês.

Com o intuito de tratar da metalinguagem característica das obras de referência, especialmente dos dicionários, os pesquisadores recrutaram aspectos linguísticos da Cena e da Libras, demonstrando as configurações de mãos e os movimentos dos sinais; aspectos socioculturais (contidos no ato de soltar fogos nas festas juninas, por meio dos quais os sinalizantes da Cena mimetizam o sinal *junho*), e mesmo afetivos, ao disponibilizarem a língua para o leitor como forma de deleite, conforme sinalizam os organizadores na apresentação da obra.

Para além dos significados veiculados nos dicionários, é importante destacar que os sinais ou as palavras que um dicionarista coloca como entrada lexical são fruto de um recorte de tempo e de certas escolhas a partir da produção de um grupo de usuários, o que não quer dizer que aquele sinal ou palavra não possa mudar e até mesmo significar outra coisa em outro grupo de falantes/sinalizantes, conforme ocorre com o

116

sinal para designar a cor *verde* em Libras, em que se tem pelo menos quatro itens lexicais diferentes para a referida cor. Nesse caso, há, por um lado, variação lexical e, por outro, sinonímia.

Quadro 9 – Variações de *verde* em Libras

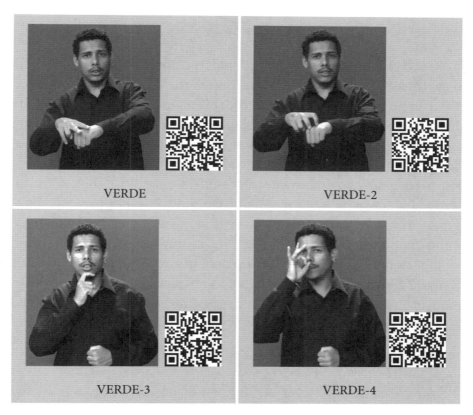

Fonte: Quadros, 2023.

Independentemente do sinal usado em cada região do país, é importante destacar duas questões: primeiro, a variação é inerente às línguas naturais; logo, quanto mais variação mais viva está a língua; segundo, as razões por que os sinais mudam estão sempre relacionadas a algum tipo de relação cultural, mas também cognitivo-perceptual de como os utentes da língua a usam e percebem nas suas interações socioafetivas. O significado conferido a *verde,* nas suas diferentes formas lexicais, tem a seguinte representação:

Figura 8 – Diferentes unidades lexicais para *verde* em Libras

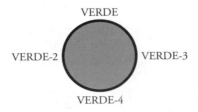

Para o referente *verde*, os sinalizantes da Libras podem acionar pelo menos quatro formas constituídas arbitrariamente a partir da percepção visual do surdo ou de outros aspectos, a exemplo da relação com a escrita alfabética da língua portuguesa, como parece ser o caso de VERDE, cujo sinal, similar ao que acontece com a maioria dos sinais de cores da Libras, tem sua formação com uma letra do alfabeto datilológico tocando sobre o dorso da mão não dominante, no caso, V. O sinal VERDE-2 constitui variação fonética de VERDE. Já VERDE-3 e VERDE-4 parecem apresentar em sua formação forte indício de iconicidade, aspecto semântico muito importante para as línguas de sinais e que será explorado a seguir.

Johnston e Schembri (2007) apontam que em língua australiana de sinais há certos sinais cuja designação do referente se dá tocando nele, enquanto outros se dão por uma articulação manual que, de alguma forma, assemelha-se ao referente.

Figura 9 – Um referente apresentado diretamente (apontação no olho) ou por meio da semelhança com o referente (bico do pássaro)

Fonte: Adaptação de Johnston e Schembri, 2007: 221.

Esse tipo de estrutura não é um privilégio da língua australiana de sinais. Certos sinais são realizados tocando no corpo do sinalizante, especificamente no referente, isto é, inexiste uma unidade lexical para o referente, sendo a sua designação feita por meio de apontação, e consequente toque, para a coisa referida, a exemplo de NARIZ, em Libras. Ou, por outro lado, o referente, ou parte dele, é incorporado pelo sinalizante, especialmente com relação a características que lhe são mais salientes, para a produção de certos significantes, como PÁSSARO em Libras.

(80) NARIZ em Libras

NARIZ

Fonte: Quadros, 2023.

(81) PÁSSARO em Libras

PÁSSARO

Fonte: Quadros, 2023.

Essas relações são frequentes para a representação de objetos concretos nas línguas de sinais, no entanto, esses dois mecanismos não se aplicam a outros sinais de natureza mais abstrata ou na designação de nomes próprios, como antropônimos e topônimos.

(82) Antropônimo – ANTÔNIO-ABREU[3]

Fonte: Quadros, 2023.

(83) Topônimo – MACEIÓ

Fonte: Quadros, 2023.

Em (82) e (83) há outro tipo de relação entre forma e significado que não consiste em apontar para o referente, como é feito em (80), tampouco mimetiza uma parte do referente como em (81). Em outros termos, pode-se dizer que é diverso o modo como as línguas de sinais relacionam forma e significado e isso evidencia o caráter produtivo e cognitivo da linguagem humana. O significado não é transparente, inexiste uma relação clara entre o sinal ou palavra e o referente. Mais complexo ainda é como os usuários de uma dada língua lidam com formas para as quais não há um referente no mundo, a exemplo de *bruxa, saci, dragão...* Isso só pode ser possível pela capacidade humana de conceitualizar, ou seja, o atributo humano de criar realidades mentais para as quais inexiste um referente no mundo real.

No caso dos dois sinais em tela, ANTÔNIO-ABREU e MACEIÓ, é importante esclarecer que, embora haja iconicidade no processo de elaboração desses sinais, antes disso, parece haver o recrutamento de outros processos cognitivos, a exemplo do uso de metonímia e de metáfora, respectivamente. Note-se que relações de contiguidade são perceptíveis na atribuição dos sinais ANTÔNIO-ABREU (características físicas similares às de sujeitos alemães, logo o sinal dele é similar ao do país ALEMANHA) e aspectos metafóricos são atribuídos ao sinal MACEIÓ (referência a figuras históricas do estado de Alagoas, os marechais, cujos bigodes eram longos, com certa curvatura nas pontas, como se houvesse sido feito à mão, por meio do ato de enrolar a ponta do bigode).

Por outro lado, itens linguísticos representantes das chamadas classes fechadas em língua oral ou em línguas de sinais não têm um referente no mundo real e nem mesmo são possíveis de serem conceitualizados, mas, ainda assim, recebem um sinal.

(84) SE em Libras

Fonte: Quadros, 2023.

A que o referente SE está relacionado? Em verdade, a nenhum item, sendo seu significado estabelecido nos enunciados (relação semântica) em interação com a sintaxe, e não como certos itens lexicais, a exemplo de BOI, BOLA, BICICLETA, para os quais existe referente no mundo real.

Muitas são as possibilidades de se atribuir significado nas línguas. Às unidades lexicais e aos enunciados das línguas podem se vincular os mais diferentes significados, e o modo como a forma e o sentido se articulam para significar vai propiciar uma série de categorias semânticas e acionar estratégias cognitivas inerentes à linguagem humana, a exemplo das relações de iconicidade, da construção de metáforas e metonímias, como se verá a seguir.

Categorias semânticas

No uso das línguas nas interações sociais, diversas relações lexicais são estabelecidas sem que os usuários de uma dada língua tenham consciência disso, ao menos nos primeiros momentos do processo de aquisição de linguagem ou por toda a vida para aqueles que não tiveram o privilégio de ir à escola. Nas primeiras séries da educação básica, os discentes já são expostos a alguns conceitos semânticos como sinônimos e antônimos, parônimos, homônimos e, mais à frente, polissemia. Esses conceitos se estendem até o ensino médio. Mas é importante ficar claro que, independentemente da função escolar de trabalhar a metalinguagem, as relações semânticas se estabelecem pelo uso que os indivíduos fazem da linguagem.

Quando se fala em relações lexicais, quer-se dizer que duas lexias (ou unidades lexicais) estabelecem entre si algum tipo de relação semântica, que podem ser assim classificadas: identidade de sentido; interseção de sentido; inclusão de sentido; e disjunção de sentido (Polguère, 2018). A seguir são explicitadas as relações entre itens lexicais da Libras.

a. **Homonímia** – trata-se de um caso de disjunção de sentidos, ou seja, há dois significantes idênticos ou aproximados foneticamente, mas com significados diferentes, não relacionados. Emmorey (2002) reporta que no léxico nativo da ASL, se comparado ao inglês, há poucos homônimos e parece que isso se faz verdade para a Libras, quando comparada ao português. A homonímia caracteriza-se pela falta de relação semântica entre duas formas de um mesmo significante; há identidade de forma, mas não de sentido.

(85) Antropônimo – ANTONIO-ABREU

Fonte: Quadros, 2023.

(86) Topônimo - ALEMANHA

Fonte: Quadros, 2023.

b. **Polissemia** – refere-se a significados que, de alguma forma, estão relacionados ao mesmo significante. Nesse caso, há vocábulos que carregam a mesma forma fonética que descreve um dado sinal com múltiplos significados relacionados, com inclusão de sentido.

(87) TEORIA

Fonte: Quadros, 2023.

(88) IMAGINAR

Fonte: Quadros, 2023.

c. **Sinonímia** – são itens lexicais com forma fonética diferente, mas com o mesmo significado, ou a mesma identidade de sentido. Isso é bastante produtivo em Libras e tem a ver com a variação regional dos sinais, que acaba sendo também variação lexical. A sinonímia constitui relação semântica por excelência e há pelo menos dois tipos: os sinônimos exatos e os aproximativos.

(89) AGOSTO

Fonte: Quadros, 2023.

(90) AGOSTO-2

Fonte: Quadros, 2023.

d. **Antonímia** – é um conceito que desde os primeiros anos escolares estuda-se e está diretamente relacionado ao de sinonímia, uma vez que carrega a ideia de que dois itens lexicais apresentam significados opostos, contrários. Assim como a sinonímia, a antonímia pode ser exata ou aproximativa.

(91) TRISTE

Fonte: Quadros, 2023.

(92) FELIZ

Fonte: Quadros, 2023.

e. **Hiponímia e hiperonímia** – essas duas categorias, tanto quanto sinônimos e antônimos, são indissociáveis; uma se faz pela outra e se enquadram no caso de inclusão de sentidos. Hipônimos são termos específicos, que incluem um mais geral, o hiperônimo. Dessa forma, em Libras, o sinal ANIMAL tem sentido amplo, geral, ao passo que GATO, SAGUI, CACHORRO têm sentido mais específicos, restritos, donde se pode concluir que o primeiro termo é um hiperônimo e os três últimos são hipônimos.

As categorias hiperônimos e hipônimos podem ser assim representadas:

Figura 10 – Hiperônimos e hipônimos

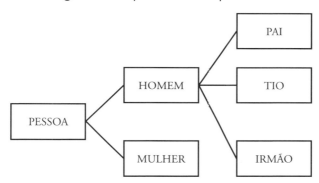

O termo PESSOA é mais abrangente que HOMEM e MULHER; HOMEM, por sua vez, é mais abrangente do que PAI, TIO e IRMÃO. Uma palavra que está numa relação de hipônimo (HOMEM em relação a PESSOA), numa linha abaixo na hierarquia pode ser hiperônimo (de PAI, TIO, IRMÃO). Tudo vai depender da perspectiva que se olha o termo.

Para efeito de explicitação/exemplificação das relações lexicais tratadas neste livro, todos os exemplos foram baseados em itens lexicais da Libras, mas tais relações podem ser expressas de outras formas nas línguas. É possível expressar o sentido de um sinal por outro ou por um enunciado. As relações semânticas são complexas, no sentido que envolvem aspectos linguísticos, cognitivos e culturais. Assim, convém destacar que cada teoria em Semântica vai analisar essas relações de uma forma específica.

Iconicidade

Costumeiramente, os manuais de Linguística de línguas de sinais e mesmo os professores dessas línguas costumam propagar a ideia de que essas línguas são icônicas; e, de fato, o são. Mas aqui cabem, de pronto, duas observações importantes: 1) as línguas do mundo, independentemente da modalidade, se oral ou de sinal, são icônicas e a iconicidade perpassa todos os níveis da estrutura linguística – fonologia, morfologia, sintaxe e semântica; e 2) a iconicidade não pode ser reduzida à ideia de *um-para-um*, ou seja, uma forma para designar um referente. Examine-se o sinal de CASA em Libras:

(93)   CASA

Fonte: Quadros, 2023.

Qual a relação existente entre o sinal CASA em Libras e o referente *casa*? Essa relação se dá apenas pela mimetização que o sinalizante faz de uma parte da casa, o cume. E o que ocorre quando não há similaridade entre o sinal e o referente? Nas línguas de sinais, apenas alguns sinais são icônicos? Muitas casas mais modernas não apresentam cume – deve-se criar um sinal específico para esse novo referente? Em todas as línguas de sinais, o sinal para CASA guarda similitudes?

Antes de seguir com a discussão, vale mencionar Saussure (2006: 81), para quem "o signo linguístico é arbitrário", ou seja, "o signo linguístico une não uma coisa e uma palavra, mas um conceito e uma imagem acústica" (2006: 80). Dessa forma, o sinal em Libras CASA não guarda relação necessária com o referente *casa*. Como afirma Taub (2004), a iconicidade não pode ser entendida como uma relação objetiva entre a imagem e um referente, mas como os modelos mentais de que dispomos e o referente. Na concepção da autora, esses modelos são, em certa medida, motivados pelas experiências comuns aos humanos e por experiências culturais específicas. Este é um processo que implica trabalho conceitual, seleção de imagem (mental), esquematização e as próprias restrições impostas pela linguagem.

Para esclarecer: sim, existem sinais icônicos, uns mais, outros menos, mas todos são. Pode-se falar em gradiente de iconicidade. Então, CASA em Libras é icônico não só porque a forma lembra o referente, mas porque importantes processos cognitivos, especialmente a conceitualização, e modelos mentais são requeridos a fim de que o sinal seja produzido desta ou daquela forma.

A fim de tornar a ideia de iconicidade mais clara, veja-se o sinal CALÇA em Libras e formas variantes. Em primeiro lugar, importa esclarecer que os pares de sinais apresentados em (94) e (95) guardam entre si relações semânticas bastante interessantes. CALÇA e CALÇA-3 são significantes muito próximos e estabelecem entre si relações de continuidade. Do ponto de vista articulatório, CALÇA foge do padrão do espaço de sinalização comumente usado nas línguas de sinais, que é acima da região umbilical, o que facilita a percepção visual. Intuitivamente, os falantes da Libras parecem perceber isso e, então, transferem as pernas para os dedos (processo comum na língua, a exemplo de certos sinais como PULAR, CAIR, SENTAR, LEVANTAR em suas acepções mais básicas (cf. o capítulo "Morfologia", seção "Classificadores"), passando a realizar o sinal CALÇA como CALÇA-3. Ambos os sinais coexistem na língua, mas articulatoriamente CALÇA-3 parece ser mais ágil e de realização mais confortável.

Em segundo lugar, entre CALÇA-2 e CALÇA-4 existe a mesma estratégia – deslocar um sinal feito abaixo da linha umbilical para os dedos das mãos, os quais representam as pernas. Neste par de sinais, observa-se que CALÇA-2 é bastante próximo do que se denomina de descritor imagético e parece ser menos lexicalizado do que CALÇA-4, que, por sua vez, parece ser mais fluido, de realização articulatória disponível à visualização dos interlocutores.

(94) CALÇA e CALÇA-2

(95) CALÇA-3 e CALÇA-4

Há diferenças bastante significativas entre os quatro sinais de *calça* em Libras. Todos, certamente, são icônicos, mas o que levou às diferenças lexicais? Experiências culturais específicas e modelos mentais que afetam cada grupo social levam às diferenças lexicais, as quais dinamizam a língua e a torna variável e diversa. As línguas de sinais são percebidas pela visão e expressas, sobretudo, pelas mãos, o que parece fazer com que sejam mais icônicas do que as línguas orais. Em cada sinal para *calça* apresentado, há algum tipo de construção de "imagem" com os articuladores manuais, no entanto, o processo é bem complexo cognitiva-culturalmente e está longe de ser mera representação de um referente com as mãos fazendo um sinal. As escolhas realizadas pelos sinalizantes são convencionais e específicas de cada grupo de usuários de um idioma.

REFLEXÕES FINAIS

Os estudos em Semântica sobre as línguas de sinais ainda são poucos, especialmente em relação à Libras, cujas abordagens são quase sempre tangenciais, atravessadas por outros níveis de análise da estrutura dessa língua, especialmente pelo morfológico e sintático ou pelo léxico.

Sem dúvidas, é uma trilha fértil que ainda precisa ser desbravada. Os apontamentos e reflexões aqui realizados não têm a pretensão, sob hipótese alguma, de esgotar os aspectos relativos à Semântica da Libras. Isso não caberia num capítulo de livro, tampouco num livro apenas.

Os apontamentos realizados neste capítulo tiveram por objetivo iniciar o leitor nesse tão fascinante tema, a Semântica. As provocações que ficam devem servir para que os leitores, ávidos por conhecer sobre a dinâmica da significação e do significado, possam dedicar-se às pesquisas sobre o assunto envolvendo línguas de sinais, especialmente a Libras. Muitas sãos as possibilidades de estudos com intuito de se entender questões como: i) as interfaces entre sintaxe e semântica, léxico e semântica; ii) significado social, afetivo e linguístico; iii) etimologia e significado (o olhar diacrônico e sincrônico sobre as línguas de sinais, o que quase sempre é problemático para essas línguas, haja vista a ausência de registros de dados mais antigos); v) as relações entre escritas de sinais e Semântica; vi) a Lexicologia e a Semântica, especialmente a operacionalização de materiais de referência, a exemplo de dicionários, glossários.

Produção de textos

Segundo Campello e Luchi (2023), o texto visual em língua de sinais contém componentes visuais que podem ser registrados por meio da filmagem. O texto em Libras, portanto, se apresenta por meio do corpo evocando imagens.

> A apreensão da imagem por meio de filmagem é um dos componentes documentais como "texto visual", pois as representações fixadas num papel tolhem as expressões da imagem, mesmo nos pequenos até os grandes detalhes. (Campello e Luchi, 2023: 308)

Nessa perspectiva, partimos para a produção textual em Libras. O objetivo deste capítulo é ampliar a noção de texto, incluindo a compreensão e a produção textual em uma língua de sinais, no escopo deste livro, a Libras. Para isso, transitaremos entre os fatores que contribuem para a textualidade organizados por Leite (2009), analisaremos aspectos que implicam a coesão e a coerência textual em Libras com base em Soares (2020) e discutiremos sobre a "oralidade" e a "escrita" por meio de registros em vídeo e textos registrados em língua de sinais escrita a partir de aspectos discutidos por Wanderley (2017) e Ampessan (2015).

O QUE É TEXTO

Quando utilizamos a palavra "texto", a primeira ideia que vem à mente é de que estamos tratando de um texto escrito. No entanto, "texto" inclui toda e qualquer forma de sequências linguísticas que estruturam unidades textuais com o fim de comunicar. Assim, os textos podem ser orais ou escritos. "Orais" aqui não significa falado apenas, mas remete à expressão que é atualizada no momento de sua manifestação. Portanto, um texto oral pode ser produzido em língua de sinais ou em língua falada. Os textos orais são formas de comunicação face a face. Conforme definido por Leite (2010: 3), os textos orais são significados pelo corpo, *(corp)oralidade*, uma vez que envolve o corpo todo (articuladores vocais, manuais, gestos, expressões faciais e corporais).

O campo de estudos que trabalha com o texto é chamado de Linguística Textual. Essa área foca na sequência oral ou escrita de unidades linguísticas que compõem os textos com o fim de estabelecer a comunicabilidade, ou seja, apresentar intenção de comunicar algo. Além da Linguística Textual, também contamos com o campo da Semiótica, que é mais abrangente e inclui a multimodalidade que um texto pode apresentar. A Semiótica engloba análises de imagens, sons, cores, materiais e a própria língua, usadas pelas comunidades para significar ideias, costumes e acordos de sentido estabelecidos entre as pessoas que utilizam a linguagem imagética e linguística.

Halliday e Hasan (1976), Beaugrande e Dressler (1981), Koch (2014) e Antunes (2005) são autores que vêm discutindo a definição de texto nas línguas humanas. Para Halliday e Hasan (1976), o texto compreende qualquer passagem que forma uma unidade linguística que apresenta sentido intencional, expressa tanto na forma escrita como na forma falada. Koch (2014) traz a noção de processo dinâmico e interacional que está intrincado nos textos, que envolve vários fatores de ordem situacional, cognitiva, sociocultural e interacional, caracterizando o dinamismo que constitui cada texto.

Beaugrande e Dressler (1981) apresentam a noção de texto como unidade comunicativa que está implicada pelo autor, o texto e o leitor, a partir de sete critérios:

i) Coesão
ii) Coerência
iii) Intenção dos usuários de texto (intencionalidade)
iv) Aceitação dos usuários de texto (aceitabilidade)
v) Grau de informação do texto
vi) Situação do texto
vii) Relação do texto com outros textos (intertextualidade)

Normalmente, no dia a dia, nos deparamos com textos ao interagirmos com outras pessoas, pois parte-se do princípio de que temos a intenção de comunicar alguma coisa que faça sentido. No entanto, o sucesso da comunicação depende de quanto levamos em conta todos os fatores que estão implicados nessa forma de comunicação. Assim, podemos ter bons textos ou não, dependendo de quanto consideramos, mesmo que inconscientemente, todos os fatores na hora de produzi-los. A intencionalidade dos usuários de um texto também afeta a textualidade, pois o que a pessoa quer dizer organiza a forma como o texto é produzido. A aceitabilidade será determinada pelo conteúdo (coerência) e as relações estabelecidas no texto (coesão), associada ao conhecimento compartilhado entre as pessoas, o grau de informação do próprio texto e a situação contextual (contexto em que é produzido). Além disso, o texto pode estar relacionado com outros textos que podem ou não ser de conhecimento de quem o está recebendo. Esse conjunto de fatores podem facilitar ou complicar a compreensão de um texto, ou seja, sua textualidade.

Entre as funções comunicativas, Halliday e Matthiessen (2014) apontam a textual como a que estabelece relações com características situacionais, ou seja, elaboradas em determinados contextos, nos quais a pessoa que produz o texto é capaz de criá-lo tendo em mente o seu interlocutor/leitor, que vai conseguir distingui-lo de um conjunto aleatório de frases. Assim, a função textual torna-se um instrumento intencional e interpessoal para concretizar o ato comunicativo.

A textualidade de um texto, portanto, pode ser lapidada por seus usuários, de modo a garantir sua comunicabilidade. Para isso, vamos discutir sobre os fatores que estão implicados na textualidade em Libras, focando especialmente em dois deles: a coesão e a coerência.

COESÃO

A coesão é um fator importante na produção e compreensão dos textos, é a forma como as partes do todo se relacionam por meio de palavras e expressões que garantem as unidades de sentido, é a "tessitura" que forma o texto. Às vezes, as pessoas produzem textos desconexos, o que significa que faltaram elementos coesivos, ou seja, palavras ou expressões que ligam as partes estabelecendo relações entre elas. O uso da gramática da língua impacta na forma como é estabelecida a coesão textual, pois as palavras, expressões e frases são usadas para estabelecer as relações de sentido no texto. Leite (2009) apresenta alguns elementos de coesão que podem compor um texto: (a) palavras de conteúdo – palavras que apresentam conteúdo em si; e (b) palavras gramaticais – palavras que expressam relações desempenhando uma função gramatical (por exemplo, MAS estabelece uma relação de contraste; QUANDO estabelece uma relação temporal, SE ... ENTÃO estabelecem condição).

Entre as palavras gramaticais, há as preposições que estabelecem relações entre os conceitos (por exemplo, PARA e SOBRE). Os artigos determinam ou indeterminam os referentes do texto (por exemplo, "o" menino e "um" menino). Em Libras, a apontação pode desempenhar uma função determinante do referente, assim como apontar de forma indefinida em uma posição mais alta pode manifestar certa indeterminação. As flexões verbais e nominais também podem ser usadas para garantir a coesão (como a consistência do uso do ponto espacial associado ao verbo ou a nome na Libras).

Outra forma de estabelecer a coesão é por meio de reiterações do texto fazendo uso de paráfrases. Um sentido pode ser retomado por meio de palavras ou expressões que apresentam sentido análogo para manter a relação sobre o que se está falando/sinalizando no texto. Por exemplo, se estou falando sobre um professor, posso retomar o professor por meio de palavras e expressões que remetem a ele: o mestre, aquele que ensina, o ministrante, o profissional que ensina.

Halliday e Hasan (1976) apresentam a coesão como mecanismo gramatical que perpassa as funções comunicativas interpessoais, intencionais (ideacionais) e textuais. Assim, ela é a chave que perpassa a combinação das palavras para formar textos, podendo formar estruturas com sentidos diversos para juntar proposições, contrapô-las, explicá-las, estabelecer condições, supor alternativas, situá-las temporalmente e apresentar conclusões. Tais sentidos podem estar estabelecidos por meio de conectores funcionais ou por palavras, ou ainda pela prosódia combinada estruturalmente ou não. A coesão enquanto mecanismo gramatical pode ser estabelecida por meio da referência, substituição, elipse, conjunção e coesão lexical que conectam as orações, garantindo a textualidade do texto. Os autores apresentam tais elementos como gramaticais e lexicais. No primeiro caso, envolve a referência estabelecida por meio de pronomes e artigos definidos; substituição e elipse (nominal, verbal ou oracional) e conjunções (aditiva, adversativa, causal e temporal). As elipses são omissões que são facilmente recuperadas estabelecendo os elos coesivos do texto. Já a coesão lexical envolve reiteração (repetição das palavras, uso de sinônimos, hiperônimos e hipônimos e palavras de sentido geral) e a colocação (relações semânticas entre as unidades como substantivos, verbos, adjetivos). Assim, a coesão é estabelecida referencial e sequencialmente.

Soares (2020) investigou a coesão na Libras. Ele introduz a definição de coesão com base em Halliday e Hasan (1976) e apresenta um exemplo do *Corpus* de Libras, conforme segue:

(96) MEU PAI TRABALHAR *PRECISAR* E(positivo) FAMÍLIA IX(eu) ACOMPANHAR MUDAR DEM(esse) PARAGUAI TER ESCOLA NÃO PARECER ESFORÇAR FS(reabilitação) MÉDICO. (00:03:51.734 a 00:04:00.104)

Em função do trabalho do meu pai, a família mudou-se para o Paraguai. Nesse país parece que não há escolas, mas atendimentos voltados para a reabilitação clínica. (Soares, 2020: 39-40)

Fonte: *Corpus* de Libras: Stumpf, 2017.

Neste exemplo, os verbos ACOMPANHAR e MUDAR estabelecem uma relação com o "pai" e a "família" espacialmente de um determinado local (contextualmente recuperado que refere ao Chile) para o Paraguai, indicado pelo demonstrativo e sinalizado de forma explícita. Aí se observa a coesão estabelecida espacialmente por meio de pontos espaciais que se referem a dois países.

No exemplo anterior, também identificamos o posicionamento do torso que apresenta função anafórica, ou seja, uma relação com algo que foi previamente introduzido no discurso. Nas quatro primeiras imagens que referem ao PAI com os sinais MEU PAI TRABALHAR PRECISAR estão associadas com o posicionamento do torso mais para trás. Na sequência, o torso é reposicionado ao ser introduzido o sinal FAMÍLIA, que está relacionado com os sinais IX(eu), o posicionamento inicial de ACOMPANHAR, MUDAR direcionado ao ponto em que se estabelece por meio da apontação IX(Paraguai) ao país PARAGUAI. Na oração seguinte, a referência passa a ser neutra à frente do sinalizante, com o reposicionamento do torso direcionado ao interlocutor para informar que não havia escolas, mas sim atendimentos clínicos. O torso na Libras apresenta função referencial coesiva neste exemplo, além dos sinais e das relações estabelecidas entre eles.

O exemplo a seguir apresenta alguns outros elementos coesivos na Libras que foram analisados também por Soares (2020).

(97)

IX(eu)　　　　　IX(minha)　　　　　IRMÃ

PRODUÇÃO DE TEXTOS

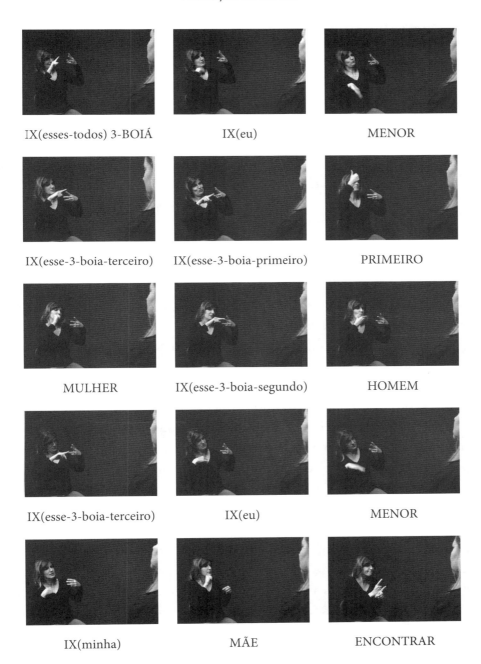

SURDO

Bem, era eu e meus irmãos, eu, que era mais nova, minha irmã era primeira e meu irmão o segundo irmão, e eu era a mais nova. Daí, minha mãe descobriu que eu era surda.

Fonte: Stumpf, 2017.

Nesse trecho, a sinalizante utiliza um mecanismo gramatical da Libras que envolve referência por meio da apontação aos referentes organizados de forma relacional entre eles a partir de uma lista que, nesse caso, é de três elementos. A lista é estabelecida com a mão oposta, e cada elemento que está identificado com um dos dedos é referenciado com a apontação da outra mão, indicando o elemento a que se refere. Nesse caso, a lista é composta por três dedos: a sinalizante e seus dois irmãos. A sinalizante ocupa a posição mais abaixo, indicando ser a irmã mais nova, o dedo intermediário indica o irmão que é mais velho que a sinalizante e o dedo mais acima indica a irmã mais velha que os dois, ela e o irmão. Os dedos podem ser retomados ao longo do discurso, caso haja referência aos irmãos. Assim, o uso da lista teve como função apresentar a posição da sinalizante diante dos irmãos mais velhos e também com a informação de que o do meio é um irmão e a mais velha é uma irmã, compondo os três filhos. Na sequência, introduz o fato da identificação de sua surdez pela mãe. Introduz o sinal de MÃE e usa o verbo ENCONTRAR, iniciando na posição que refere à mãe em direção à posição espacial que refere a ela no espaço de sinalização, marcando a relação sujeito/agente MÃE com o objeto/paciente que é a própria sinalizante à frente da mãe, uma vez que seu corpo nesta parte da oração ocupa a posição da mãe por meio de um recurso gramatical na Libras, chamado de jogo de papéis. A mãe está, portanto, incorporada no corpo da sinalizante.

Segundo Soares (2020: 67-68), a apontação desempenha diferentes funções referenciais na Libras: pronomes pessoais, possessivos, demonstrativos (eu, você/tu, ele/ela, dele/dela, aquele/aquela, isto), advérbios de lugar (aí, aqui, lá), artigos definidos. Também há sinais específicos para pronomes possessivos e demonstrativos e sinais usados para estabelecer relações comparativas entre referentes.

(98) IX(eu) IR ENCONTRAR TER IX(ele) IX(ele) IX(ele) SURDO+ IX(eles) ORALIZAR GESTO, FREIRA POSS(seu) RELIGIÃO INFLUENCIAR

Encontrei vários surdos, mas eram oralizados e gesticulavam, porque eram influenciados pelas freiras religiosas.

Fonte: *Corpus* de Libras: Stumpf, 2017.

Nesse exemplo, a sinalizante usa o pronome pessoal IX(eu) apontando para si e na sequência aponta com a mão oposta para os diferentes surdos simultaneamente com o sinal SURDO, SURDO, SURDO, indicando que cada um deles que ela encontrou era também surdo. Depois faz a referência a todos por meio da apontação circular. A referência a cada surdo e a todos está também associada à direção do olhar, que, também, apresenta função referencial coesiva. A relação causal entre serem oralizados e gesticulados e as freiras é estabelecida pela prosódia que contrasta uma oração a outra por meio das expressões faciais. Então, neste exemplo, contamos com a coesão referencial por meio de diferentes usos da apontação e, também, a coesão gramatical estabelecida entre as orações por meio das marcações não manuais e as relações de sentido.

Soares (2020) apresenta alguns elementos coesivos léxico-gramaticais que desempenham função conectiva, como os sinais TAMBÉM, BOIA (função aditiva), MAS (função adversativa), PORQUE, COMO, QUE,

MOTIVO/POR-CAUSA (função causal), ANTES, DEPOIS, ONTEM, AGORA (com função temporal).

A seguir, apresentamos um exemplo de cada para ilustrar tais relações coesivas na Libras.

(99) ÁREA ENSINAR DISCIPLINA LÍNGUA-SINAIS TAMBÉM EDUCAÇÃO ESPECIAL.

Dava aulas na disciplina de língua de sinais e também de educação especial.

Fonte: *Corpus* de Libras: Stumpf, 2017.

No exemplo (99), temos o conector TAMBÉM, que possui função conjuntiva, associando a oração "Dar aulas de língua de sinais" e a segunda oração "Dar aulas de educação especial". No exemplo, o torso também é usado como marcador sentencial associado à primeira oração à direita e a segunda oração à esquerda no espaço de sinalização.

(100) AINDA-NÃO FALTAR PROCESSO, MAS ENTÃO COMPARAR ANTIGAMENTE 15 20 ANOS PASSADO PIOR

Ainda faltava muita coisa, estava em processo, mas se comparar com antigamente, há 15-20 anos, era muito pior.

Fonte: *Corpus* de Libras: Stumpf, 2017.

No exemplo (100), a sinalizante utiliza o conector MAS estabelecendo um contraste entre as orações com função adversativa. Algo que não havia antes, mas que quando comparado com antigamente não era tão ruim assim, pois antes era ainda pior. Há uma relação comparativa com o sinal COMPARAR situando um momento com o outro, mas também há a marcação adversativa.

(101) SINAIS IX(eu) ALEGRE FELIZ PORQUE IX(eu) ENTENDER BEM POSITIVO.

Eu fiquei muito feliz porque entendia bem a língua.

Fonte: *Corpus* de Libras: Stumpf, 2017.

No exemplo (101), há o uso do conector PORQUE com função causal, pois entender bem a língua era a causa da sua felicidade.

(102) ANTES MÃE PAI FALAR PENSAR DEM(essa) AUTISTA.

Antes, minha mãe e meu pai conversavam entre si e pensavam que eu era autista.

Fonte: *Corpus* de Libras: Stumpf, 2017.

Em (102), o sinal ANTES marca um tempo da fala que antecede a identificação da surdez. Nesse tempo marcado, os pais pensaram que ela era autista, momento anterior ao do conhecimento da surdez.

Tais relações envolvem mecanismos coesivos que dependem de relações semânticas na interpretação do texto.

COERÊNCIA

A coerência envolve a parte conceitual do texto, o conteúdo que produz sentido, e que precisa também estar organizado para comunicar seu sentido, independentemente dos elementos coesivos. Precisa haver uma relação conceitual entre as partes de um texto determinando a interpretação dele.

A coerência também se relaciona com os conhecimentos compartilhados entre as pessoas. Um texto coerente para duas pessoas que se conhecem há muito tempo pode não ser coerente para uma pessoa desconhecida, pois as informações compartilhadas podem não preencher informações do texto e garantir sua comunicabilidade. Embora a coerência possa garantir a comunicabilidade do texto independentemente da coesão, a combinação da coesão e da coerência a tornam mais precisa.

Nas entrevistas realizadas no Inventário Nacional de Libras que integram o *Corpus* de Libras, uma pessoa realiza perguntas e as respostas são dadas observando-se a coesão e a coerência. Por exemplo, quando a entrevistadora pergunta por que a pessoa tem o sinal que a identifica, todos os participantes respondem contando a história do seu sinal. A coerência é determinada pelo tema estabelecido apresentando continuidade discursiva com novas informações que agregam detalhes sobre o sinal que receberam. Essa continuidade discursiva abarca uma construção conceitual que forma o texto associada à coesão, que é estabelecida por meio dos elos textuais. Assim, contamos com textos que apresentam clareza conceitual. Veja a seguir um exemplo em que a narradora responde à pergunta sobre como se constituiu o seu sinal pessoal:

(103)

Juliana:

SINAL?

Qual o seu sinal?

Marianne:

SINAL SINAL(marianne)

Meu sinal é este.

Juliana:

POR QUE SINAL(marianne)

Por que este sinal?

Marianne:

ENTÃO PERGUNTAR ESTRANHO POR QUE SINAL(marianne). BOM CERTO PASSADO IX(eu) CRESCER // CABELO-PARA-TRÁS // CRESCER IX(eu) // ESCOLA SURDO LÁ IX(eu) PEQUENA LÁ RIO-GRANDE-SUL SUL INTERIOR C-A-X-I-A-S CAXIAS-DO-SUL; IX(eu) LÍNGUA-SINAIS NENHUM JÁ // SINAL IX(eu) COMBINAR // SINAL CABELO-PARA-TRÁS+ QUASE TEMPO IX(eu) MUDAR PORTO-ALEGRE POR-CAUSA FAMÍLIA CRESCER IX(eu) IRMÃ MAIS VELHA PRECISAR UNIVERSIDADE FACULDADE // IX(eu) QUERER PORQUE ESCOLA INTERIOR SEGUNDA-SÉRIE BARREIRA, IX(eu) TERCEIRA-SÉRIE QUARTA-SÉRIE DESENVOLVER. ENTÃO IX(eu) MÃE FAMÍLIA COMBINAR+ ADIAR PORTO-ALEGRE. IX(eu) ENTRAR ESCOLA SURDO PRÓPRIO, ESCOLA ESPECIAL CONCÓRDIA. ENTRAR SINAL TER+ SINAL IX(eu) NENHUM INEXPLICÁVEL. IX(eu) TODOS-DIAS IX(eu) ENTRAR ESCOLA. IX(eu) SEMPRE ARRUMAR-CABELO-PARA-TRÁS CABELO-LONGO.

PARECER IGUAL NÃO DV(visual-cabelo-longo) MUDAR. TODOS-DIAS DORMIR, TOMAR-BANHO HORA ESSE SEMPRE. AÍ(me-olhar) SINAL SINAL(marianne)+. IX(eu) COMBINAR. PROCESSO ALGUM SABER SINAL(marianne) SINAL(marianne) IX(eles) DEIXAR HABITUAR.

Então, as pessoas me perguntam por que este sinal de cabelo estranho! Eu cresci frequentando uma escola de surdos lá no interior do Rio Grande do Sul, na cidade de Caxias do Sul. Nesta escola, a gente só usava gestos, não tínhamos muito acesso à língua de sinais. O sinal que faziam para mim era mais gestual referindo aos meus cabelos. Depois, mudamos para Porto Alegre, porque eu estava crescendo e minha família viu que estávamos crescendo e minha irmã precisava ir para a faculdade. Eu queria também porque a escola do interior só tinha curso até a segunda série. Eu tinha que continuar na terceira, quarta-série e assim por diante. Por isso, minha família tomou a decisão de mudarmos para Porto Alegre. Eu fui então para uma escola de surdos, a Escola Especial Concórdia. Quando entrei na escola, vi que todos tinham sinais pessoais e eu não tinha. Todos os dias antes de ir para a escola, eu fazia escova no meu cabelo puxando o cabelo para trás. Dormia, acordava, tomava banho, arrumava o cabelo, nunca mudava. Daí me olharam e me deram este sinal. Assim foi. Eu me acostumei e ficou assim.

Fonte: *Corpus* de Libras: Stumpf, 2017.

O texto começa com a resposta à pergunta que questiona por que do seu sinal ser daquela forma. Marianne responde contextualizando a história do seu sinal, que começa em uma escola na qual não se atribuíam sinais às pessoas, porque não usavam a língua de sinais. Ao se mudar para uma escola de surdos na qual usavam a língua de sinais, ter um sinal fazia parte, e então deram um a ela, que tinha relação com a forma como ela arruma o seu cabelo diariamente antes de ir à escola. Os seus colegas, então, ao olharem para ela, acabaram dando o sinal que remete ao seu cabelo arrumado para trás. Assim, recebeu o seu sinal e se acostumou com ele, concluindo a sua resposta. Os conteúdos apresentados no texto estão todos relacionados com a pergunta, apresentados progressivamente para justificar a resposta. Esse texto apresenta coerência textual, além de vários elementos que estabelecem a sua coesão (por exemplo, reiteração por meio da repetição de sinais, uso de palavras funcionais coesivas como PORQUE, marcação temporal, apontação, marcações não manuais estabelecendo conjunções entre as orações).

ASPECTOS DA ORALIDADE E DA ESCRITA

Os textos podem ser orais ou escritos. Estes dois tipos de textos apresentam características diferentes relacionadas à essência da forma do texto que tem a ver com a permanência *versus* a evanescência do texto (Leite, 2009: 56-57). A língua oral é uma produção que acontece e se esvai no tempo. Mesmo que possamos guardar na memória algumas das informações, sua essência é momentânea ao ser produzida oralmente na modalidade oral-auditiva (línguas faladas) ou na modalidade visual-espacial (línguas sinalizadas). O texto escrito, por outro lado, está registrado e pode ser revisto inúmeras vezes enquanto estiver disponível; é um texto que apresenta permanência. Devido ao fato dos textos escritos apresentarem permanência, a sua organização acaba se diferenciando da língua oral, pois normalmente envolve mais elaboração.

O processo de elaboração da tese da Fernanda de Araujo Machado em Libras, registrada por meio da filmagem, resultou em um texto "escrito" em Libras, pois apresenta muito mais características desse tipo de texto quando comparado a um texto oral (Machado, 2017). A autora observou que a elaboração dos textos em Libras exigiam produções por meio de enunciados organizados em blocos textuais que pudessem ser facilmente refeitos ao longo do processo, para serem substituídos na versão final da tese. Ao compor a unidade textual de cada seção da tese, a autora também observou repetições desnecessárias, típicas de um texto oral, excluindo-as da versão final. Nesse processo de elaboração textual em Libras, a autora apresenta sua tese por meio de um texto registrado em vídeo formal que caracteriza o estilo.

Nesse exemplo de produção textual "escrita" em Libras (no formato de vídeo-registro), há também um aspecto apontado por Leite (2009) como característica que diferencia os textos orais de textos escritos, que é a espontaneidade *versus* planejamento. O exercício de elaboração da tese por meio de vídeos-registros caracterizou o texto que envolveu plane-jamento, deixando de lado a espontaneidade, marca dos textos orais. O ato de formular o texto na elaboração da tese caracterizou-o como texto "escrito" em Libras, neste caso.

Outro fator apresentado por Leite (2009) é a dependência contextual *versus* independência contextual. O texto escrito apresenta mais indepen-dência textual, pois inclui elaboração ao considerar diferentes leitores, que não necessariamente têm acesso a determinados contextos, procurando apresentar todos os elementos informativos necessários para que possa ser lido de forma independente do contexto. O texto oral normalmente conta com as informações que estão no contexto de produção e que permitem preencher possíveis lacunas. As pessoas estão interagindo no momento da produção dos textos orais e estão vendo o que está acontecendo no entorno em que se apresentam as informações, o que pode auxiliar a completar os sentidos ali produzidos.

Leite apresenta o quadro a seguir sintetizando as características dos textos escritos e dos textos orais que podem estar em uma relação gradual de produção, conforme segue:

Quadro 10 – Características de textos orais e escritos

Textos Escritos	Textos Orais
+ permanente e estável	+ evanescente e dinâmico
+ denso em informação	+ leve em informação
+ condensado	+ redundante
+ planejado	+ improvisado
+ explícito	+ implícito
+ descontextualizado	+ contextualizado

Fonte: Leite, 2009: 61.

Os textos orais e escritos, a depender das características que apresentam e do contexto socio-histórico-cultural e interacional em que se situam, podem se localizar entre esses dois polos (oralidade e escrita) e mesmo se interseccionar entre eles. Poder contar com tecnologias que permitem o registro de textos orais e poder usar a escrita nas redes sociais para nos comunicarmos são dois fatores que acabam impactando nas características, tornando os textos mais "escritos", mesmo sendo produzidos oralmente; ou mais "orais", mesmo sendo escritos. Essa mobilidade entre as formas e características dos textos justifica a possibilidade mais gradual entre um extremo e outro das produções textuais.

No Brasil, há pesquisas com a escrita de sinais que ilustram produções textuais em Libras. Wanderley (2017) e Ampessan (2015) apresentam estudos sobre o registro escrito da Libras por meio da escrita de sinais, *SignWriting*, um sistema que representa as configurações de mão, os movimentos e a locação. Wanderley (2017) analisa em sua tese a marcação da concordância verbal que utiliza o espaço, apresentando alternativas de registro escrito de marcações espaciais contrastivas no papel. Ampessan (2015) foca no registro escrito das expressões faciais. O autor realiza avaliações de produções com e sem marcações não manuais registradas e conclui que a informação não manual precisa ser registrada para garantir a leiturabilidade coerente dos textos escritos em Libras. Ambos os autores estudam as formas de registrar aspectos visuais da modalidade visual-espacial que apresentam conteúdo e são importantes para a coerência textual na Libras.

A seguir, apresentamos um texto retirado da tese de Wanderley (2017) para ilustrar o registro escrito na Libras:

INTRODUÇÃO AO ESTUDO DA LIBRAS

(104) Poema em escrita de sinais de Débora Campos Wanderley (inspirada nesta tese)

Tradução de Markus J. Weininger, professor da Universidade Federal de Santa Catarina

	Morfologia
	Como incomoda a Morfologia
	Como é difícil a Morfologia
	Quase desisti da Morfologia
	Mas espera, ela mostra minha língua, explica o que determina
	Transformei os sinais em escrita e, de repente, ela me ilumina

Fonte: Epígrafe da tese de Wanderley, 2017: 13-14.

Nesse texto escrito, vemos marcadores não manuais representados por desenhos da face com diferentes representações (direção do olhar; boca indicando negação, afirmação, satisfação), marcações espaciais por meio da disponibilização dos sinais manuais à direita, à esquerda e à frente do sinalizante, posicionadas a partir da marcação por meio da face; as marcações manuais indicando os sinais produzidos com as mãos associados aos movimentos e orientações das mãos.

REFLEXÕES FINAIS

Neste capítulo, a produção de textos em Libras foi introduzida considerando-se textos orais (sinalizados) e escritos, juntamente com os fatores de textualidade assim como observado em outras línguas. Os dois fatores que receberam destaque neste capítulo foram a coesão e a coerência, apresentadas por meio de exemplos de textos do Inventário Nacional de Libras (Stumpf, 2017). O objetivo foi ilustrar como os sentidos são apresentados por meio de um desencadeamento lógico de sentidos, a coerência, e elementos que estabelecem relações entre os sentidos, a coesão, na Libras. Os textos na Libras são eminentemente "orais", ou seja, são sinalizados (não escritos), mas muitos textos orais são registrados por meio de vídeos e passam a apresentar características de textos escritos, em função da possibilidade de envolver planejamento prévio a sua produção. Assim, vemos também o papel da tecnologia impactando nas formas de registro de textos. Nesse caso, os registros em vídeos de textos em Libras incluem características de textos orais e de textos escritos. Os textos escritos da Libras apresentam registros de formas escritas na Libras para representar as unidades das línguas de sinais. Apresentamos um exemplo de texto escrito para ilustrar essa possibilidade.

Aspectos sociolinguísticos

Para compreender a Sociolinguística em relação à Libras, é importante destacar a demonstração fornecida nos capítulos anteriores, que ressaltou a relevância do estudo da língua natural, incluindo a língua de sinais, para uma compreensão abrangente de seus níveis linguísticos e, consequentemente, para consolidar o *status* linguístico da Libras. Agora, é crucial também considerar sua importância em relação aos contextos sociais, como a comunidade surda, onde sua influência é afetada por diversos fatores extralinguísticos. Nesse contexto, a Sociolinguística visa entender como a língua, neste caso a Libras, é estudada dentro da comunidade surda brasileira, explorando os aspectos linguísticos e sociais envolvidos. Essa área da Linguística procura compreender, identificar e analisar a influência do contexto social sobre a língua, buscando entender suas interações e implicações de forma mais ampla. Assim, é importante estudar as relações entre a língua e a sociedade, pois "as línguas não existem sem as pessoas que as falam, e a história de uma língua é a história de seus falantes" (Calvet, 2002: 12). Com relação à língua de sinais, como disse Quadros (2016: 19), "uma marca

INTRODUÇÃO AO ESTUDO DA LIBRAS

fundamental de uma comunidade surda é sua língua de sinais". Estudos na área da Sociolinguística abordam o desenvolvimento histórico das relações entre povos e suas línguas e investigam-se os processos de variação e mudança linguística relacionados aos processos sócio-históricos de comunidades de fala.

A Sociolinguística começou a ser reconhecida como uma ciência autônoma e interdisciplinar na metade do século XX. No entanto, de acordo com Bortoni-Ricardo (2014), antes disso, já havia trabalhos que desenvolviam teorias de natureza claramente sociolinguísticas, como é o caso do francês Meillet (1866-1975), do russo Bakhtin (1895-1975) e dos membros do Círculo Linguístico de Praga. Foram autores que se preocuparam e estudaram o contexto sociocultural e a comunidade de fala em suas pesquisas linguísticas. Sabemos que a Sociolinguística se consolidou como uma ciência linguística definida na década de 1960 nos Estados Unidos, especialmente com a contribuição do trabalho de William Labov e seu estudo de variação linguística. Paralelamente, foi nesse período que se reconheceu a língua de sinais como uma língua natural, com referência à pesquisa de William Stokoe sobre a estrutura linguística da ASL nos Estados Unidos, o que contribuiu para o estabelecimento do *status* de língua natural para as línguas sinalizadas. No entanto, o estudo sociolinguístico das línguas de sinais ainda é uma área relativamente recente, por exemplo, o dicionário de Stokoe e seus colegas sobre a variação linguística da ASL é de 1965 (Xavier, 2019), e, no Brasil, Lucinda Ferreira Brito começou a trabalhar com a Língua de Sinais Kaapor Brasileira (LSKB) em 1980 (Rodrigues e Almeida-Silva, 2017). Hoje, o interesse por esse campo tem crescido cada vez mais, sobretudo após a criação dos cursos de Letras-Libras, principalmente a partir da década de 2000.

Neste capítulo, apresentam-se conteúdos relacionados ao estudo sociolinguístico da Libras. Observa-se que os destaques da Sociolinguística incluem os estudos das línguas emergentes, do contato linguístico (incluindo o bilinguismo e os empréstimos linguísticos), além de abordar questões cruciais relacionadas à variação linguística e à mudança linguística. O capítulo finaliza com uma reflexão sobre a importância desses estudos sociolinguísticos. Para uma compreensão desses conceitos, serão incluídos alguns exemplos de Libras e outras línguas de sinais. Na próxima seção, serão discutidos os fenômenos linguísticos relacionados aos estudos sociolinguísticos da Libras, incluindo outras línguas de sinais.

SOCIOLINGUÍSTICA DAS LÍNGUAS DE SINAIS NO BRASIL

Atualmente, existem cerca de 7 mil línguas no mundo, das quais aproximadamente 159 são línguas de sinais, de acordo com os dados catalogados no *Ethnologue*.[1] Essas línguas estão distribuídas em diferentes comunidades linguísticas ou países, e muitas delas podem coexistir no mesmo país. É fato que as línguas existentes no mundo mantêm e desenvolvem algum nível de interação social. Considerando que essas línguas de sinais estão espalhadas em comunidades linguísticas, esse número pode ser ainda maior; comunidades menores de surdos ainda não tiveram suas línguas catalogadas linguisticamente (Machado, 2022: 29). O catálogo *Ethnologue* identificou apenas duas línguas de sinais brasileiras: a Língua de Sinais Kaapor Brasileira (LSKB)[2] e a Língua Brasileira de Sinais (Libras). No entanto, existe a possibilidade de haver mais outras que não foram registradas. Por exemplo, em relação ao número de línguas de sinais no Brasil, um levantamento apresentado por Silva (2021: 9) aponta aproximadamente 21 línguas de sinais utilizadas pelas comunidades surdas e por comunidades isoladas no Brasil, identificadas em zonas rurais e em comunidades indígenas. Veja na imagem abaixo sobre mapeamento de língua de sinais brasileiras:

INTRODUÇÃO AO ESTUDO DA LIBRAS

Figura 11 – Mapeamento das línguas de sinais brasileiras

1 – Surdos de Fronteira – Emergentes de São Gabriel da Cachoeira – AM (Santos, 2019); **2** – Surdos Sateré-Mawé – AM (Azevedo, 2015); **3** – Comunidade indígena Canauim – Cantá – RR (Moura e Santos, 2020); **4** – Comunidade indígena de Uiramutã – RR (Oliveira, no prelo); **5** – Surdos Ka'apor – PA (Godov, 2020); **6** – Surdos da Ilha do Marajó – PA (Martinod, 2013; Formigosa, 2015; Fusellier, 2016); **7** – Surdos de Fortalezinha – PA (Carliez, Formigosa e Cruz, 2016); **8** – Surdos Urubu-Kaapor – MA (Kakumasu, 1968; Ferreira-Brito, 1995); **9** – Surdos de Várzea Queimada – PI (Pereira, 2013); **10** – Surdos de Caiçara – Varzea Alegre – CE (Temóteo, 2008); **11** – Surdos de Porto de Galinhas – PE (Carliez, Formigosa e Cruz, 2016); **12** – Surdos de Cruzeiro do Sul – AC (Cerqueira e Teixeira, 2016); **13** – Surdos de Terra Indígena Sete de Setembro – Cacoal – RO (Eler, 2020); **14** – Surdos de Akwẽ de Comunicação Cultural – TO (Barretos, 2016); **15** – Surdos de Pataxó – BA (Damasceno, 2017); **16** – Surdos de Maxakali – MG (Stoianov e Nevins, 2017); **17** – Surdos Terena – MS (Vilhalva, 2012; Sumaio, 2014; Alves, 2018); **18** – Surdos Terena Aldeia de Cachoeirinha – Miranda – MS (Soares, 2018); **19** – Surdos Guarani-Kaiowá – MS (Coelho, 2011; Vilhalva, 2012; Lima, 2013); **20** – Surdos Kaingang – SC (Giroletti, 2008); **21** – Surdos da fronteira Brasil e Uruguai (Figueira, 2016).

Fonte: Adaptado de Silva, 2021: 108.

Academicamente, os estudos sobre línguas de sinais no Brasil geralmente se concentram em três tipos:[3] a língua de sinais nacional, como a Libras; a língua de sinais original, como a Língua de Sinais Urubu-Kaapor; e a língua de sinais nativa, como a Língua de Sinais Cena.

No estudo sociolinguístico, o termo utilizado para descrever a relação entre uma língua e seu povo ou grupo é "comunidades linguísticas" ou "comunidades de fala". A comunidade surda é considerada uma comunidade linguística devido aos seus pontos de encontro frequentes, associações de surdos e reuniões em diversos locais. Essa comunidade surda também pode interagir com pessoas ouvintes que utilizam línguas de sinais, como membros da família, professores, intérpretes, amigos e outros que tenham interesse e disposição para lutar e apoiar a valorização da pessoa surda.

Vamos abordar a origem da Libras. É importante destacar que não há uma data precisa para o início da Libras, pois sua formação é um processo que está intrinsecamente ligado à sociedade e à cultura. A origem pode ser rastreada até os primeiros registros em relação à Libras, e seu uso está historicamente ligado à criação em 1857 do Imperial Instituto de Surdos-Mudos, que atualmente se chama Instituto Nacional de Educação de Surdos (Ines). Nessa época, o professor surdo francês E. Huet trouxe consigo sua língua de sinais francesa (LSF), e já havia surdos em vários lugares que se comunicavam por meio da língua de sinais, antes mesmo da criação do instituto. De acordo com Campello (2011:12), a base da Libras foi a LSF, e antes não se pode afirmar a preexistência da Libras nos territórios brasileiros devido à ausência de registro dessa língua. A autora afirma que a estrutura da Libras é resultado de uma miscigenação com a LSF. Para Quadros e Leite (2014), é possível inferir a existência de uma língua de sinais usada pelos surdos anteriormente à existência do Ines.

> É plausível supor que, previamente à instituição da antiga língua de sinais francesa no Brasil, os surdos brasileiros já dispunham de uma língua de sinais original e que, [...] a atual Libras seja produto de um processo histórico de crioulização entre as línguas de sinais originais do Brasil e língua de sinais trazida pelos educadores franceses. (Leite e Quadros, 2014: 20)

Com a fundação do Ines e o recebimento de alunos de várias regiões do Brasil no final do século XIX, muitos desses alunos retornaram às suas regiões de origem, difundindo a Libras que aprenderam no Ines. Souza e Segala (2009) afirmam que a Libras não se limita apenas à sua relação com a LSF, mas sim à existência da língua de sinais que já era utilizada pelos surdos imigrantes que chegaram ao Brasil na época da colonização. Entendemos que a língua é uma entidade viva, que se desenvolve ao longo do tempo em uma trajetória que ela mesma constrói, pois nada é estático. Além disso, compreender a natureza dinâmica da própria língua implica reconhecer sua propensão à variação e à mudança.

Hoje, a Libras abrange todo o território brasileiro e é reconhecida pela Lei 10.436, de 24 de abril de 2002, como a língua utilizada pela comunidade surda do Brasil. Esse reconhecimento desencadeou os direitos linguísticos dos surdos, garantindo o reconhecimento da língua dessa comunidade linguística brasileira. Essa regulamentação foi estabelecida pelo Decreto 5.626/2005, que traz diversos pontos relevantes sobre os direitos dos surdos, levando a avanços políticos, científicos, sociais e culturais. Por exemplo, ao criação do curso de Letras-Libras,[4] que utiliza a língua de sinais como língua de instrução.

Nas próximas seções, vamos explorar a importância da Libras em relação aos contatos linguísticos e também buscaremos entender como ocorrem os fenômenos linguísticos da variação e mudança. Além disso, abordaremos outros aspectos relevantes dos estudos sociolinguísticos relacionados à Libras.

CONTATOS LINGUÍSTICOS

O contato entre línguas ocorre quando diferentes línguas se encontram ou são utilizadas alternadamente, seja entre dialetos que estão em constante uso no mesmo território, devido a processos históricos como colonização, invasões ou migrações, ou mesmo pela proximidade geográfica em áreas fronteiriças. Além disso, as línguas podem interagir por meio de viajantes, avanços científicos e tecnológicos, comércio internacional, intercâmbio acadêmico, mídia, globalização, entre outros fatores. Essa relação de contato linguístico também é denominada línguas em contato ou contato de línguas, podendo surgir como resultado de diversos fenômenos linguísticos decorrentes da interação entre diferentes línguas. Esse contato linguístico pode resultar na adoção e incorporação de palavras ou sinais, acarretando empréstimos linguísticos ocasionados devido a mudanças fonológicas, morfológicas e ortográficas nas línguas receptoras. Além disso, essa interação entre duas ou mais línguas pode originar pidgins, que eventualmente evoluem para línguas crioulas,[5] e contribuir para o desenvolvimento de diversas formas de bilinguismo, tanto individual quanto da comunidade linguística. Quinto-Pozos e Adam (2015) assim definem o contato linguístico em relação à comunidade surda:

> O contato linguístico é a norma nas comunidades surdas, e os surdos são tipicamente multilíngues e multiculturais. Eles utilizam línguas sinalizadas, escritas e, em alguns casos, faladas para a comunicação cotidiana, o que significa que aspectos das línguas faladas e/ou escritas das comunidades maiores estão em constante interação com as línguas de sinais. Em alguns casos, o contato resultou em estruturas linguísticas faladas que se incorporaram às línguas de sinais – tendo sido modificadas ao longo do tempo para se adequar aos processos linguísticos de uma língua de sinais. (2015: 29; tradução nossa)

Os contatos linguísticos têm sempre uma relação importante com as comunidades surdas, que são comunidades linguísticas de línguas de sinais. Nessas comunidades, os surdos, como minoria cultural e linguística, estão frequentemente em contato com outras línguas, o que leva a várias formas de interferência linguística. A interferência linguística é uma prática comum entre pessoas bilíngues ao utilizarem suas línguas, desempenhando um papel relevante em estudos que investigam fenômenos como *code-mixing* (mistura de línguas), alternância de línguas (*code-switching*), sobreposição de línguas (*code-blending*), bilinguismo e no contexto do ensino e aprendizagem de L1 (língua materna) e L2 (segunda língua) (Quinto-Pozos e Adam, 2015; 2020). No contexto do convívio diário entre a Libras e o português, é frequente a ocorrência de interferências fonológicas, sintáticas e lexicais. Assim, os contatos linguísticos resultam em uma variedade de fenômenos linguísticos que vão desde simples empréstimos até o surgimento de línguas mistas. Sebba (citado por Nascimento, 2010: 56) identificou seis possíveis consequências do contato entre línguas, como vê-se no Quadro 11:

INTRODUÇÃO AO ESTUDO DA LIBRAS

Quadro 11 – As seis possíveis consequências do contato entre línguas

TIPO	DEFINIÇÃO
a) Empréstimos gramaticais e lexicais	Ocorrem quando fenômenos linguísticos, como empréstimo lexical e/ou gramatical, surgem a partir de contatos linguísticos.
b) *Code-switching*	É a alternância de línguas, ou seja, quando os elementos oriundos de duas ou mais línguas podem estar dentro da mesma sentença, ou em sentenças diferentes, de uma conversa ou de um texto escrito. Este termo também é usado quando o falante alterna sua fala entre diferentes línguas. É comum acontecer na produção linguística de indivíduos bilíngues.
c) Convergência de línguas	Assim como o *code-switching*, envolve mescla de línguas. Contudo, *code-switching* é um fenômeno mais individualizado e pode variar de falante para falante. Por outro lado, a convergência de línguas é mais socializada e ocorre ao longo do tempo, em sociedades com alto grau de bilinguismo, e não é necessariamente um ato consciente do falante.
d) Pidginização	Ocorre sempre quando não é uma língua materna de nenhum grupo, como uma língua em comum que possa ser compartilhada pelos povos em contato. Bastante simplificada na sua estrutura, usada na intercompreensão de comunidades linguísticas diferentes. Ocorre normalmente entre populações que não partilham um código no qual possam interagir.
e) Crioulização	Surge como o resultado da adoção do *pidgin*, transformado em língua materna. Entretanto, esse conceito tem sido ampliado por alguns linguistas e pode englobar também línguas que sofreram mudanças estruturais ocasionadas por contato com uma língua abstrata sem necessariamente ser a continuação de um *pidgin*.
f) Língua mista	Este fenômeno é bastante raro e envolve a combinação de duas línguas. O que acontece normalmente nesses casos é que a gramática pertence a uma língua e o vocabulário à outra, ou vice-versa. Uma língua mista possui semelhanças com a pidgnização e crioulização. Contudo, não há perda da complexidade gramatical, nem simplificações do sistema de regras.

Fonte: Adaptado de Sebba, apud Nascimento, 201: 56.

Percebemos que a maioria das pesquisas existentes está focada nas influências lexicais que surgem do contato cotidiano entre as línguas, uma vez que estão presentes no mesmo território nacional, como é o caso da língua portuguesa (LP) e da Libras. Dois fenômenos se destacam nesse contexto nacional. Por um lado, os surdos brasileiros estão imersos na interface entre uma língua oral, o português, e a Libras, uma língua visual. Agora vamos abordar o contato entre a Libras e o português, concentrando-nos no conceito de bilinguismo em relação aos estudos sociolinguísticos, e posteriormente também entre a Libras e outras modalidades linguísticas.

Bilinguismo

A capacidade de se comunicar em duas línguas pode ser uma característica individual ou uma característica compartilhada por toda uma comunidade linguística, na qual duas ou mais línguas são utilizadas de forma rotineira. Esses contatos são propiciados pela condição bilíngue e/ou multilíngue das sociedades que propicia o encontro entre pessoas de diferentes línguas e permite o estabelecimento de níveis de bilinguismo (Grosjean, 1982). A comunidade surda no Brasil, devido ao contato constante com o português no mesmo território, apresenta dois tipos. "Os surdos oralizados aprendem apenas o português ou são bilíngues. Os surdos não oralizados usam o português somente na modalidade escrita, sendo a Libras considerada sua única língua materna" (Rodrigues e Almeida-Silva, 2017: 691). Ainda é comum na comunidade surda observar com descontentamento ou estranhamento o chamado "português sinalizado",[6] uma forma de comunicação que combina elementos da Libras com a estrutura do português.

A situação de contato intenso entre Libras e língua portuguesa é cotidiana, provocada e influenciada constantemente em ambientes de educação, trabalho, família e lazer. Logo, os surdos brasileiros, comunidade minoritária, em contato com ouvintes, comunidade majoritária, sofrem gradualmente o efeito do contato linguístico, principalmente pelo contexto bilíngue em que vivem. Aos estudos sociolinguísticos, frequentemente relacionados ao bilinguismo da Libras, incluem-se a alternância de línguas e a sobreposição de línguas.

Na produção linguística de indivíduos bilíngues é comum observar um fenômeno conhecido como *alternância de línguas (code-switching)*. Ele guarda certa semelhança com a interferência linguística mencionada anteriormente, embora com um foco distinto, que envolve os falantes bilíngues em seu uso e aprendizagem individual das línguas. Em ambientes bilíngues, seja em uma sociedade com duas línguas predominantes ou durante o desenvolvimento de um indivíduo bilíngue, esse fenômeno linguístico é considerado normal.

Outro fenômeno comum entre os falantes bilíngues é a *sobreposição de línguas (code-blending)*, que guarda semelhanças com a alternância de línguas. No entanto, a sobreposição de línguas diz respeito especificamente a casos em que as línguas envolvidas são de modalidades diferentes. Conforme Sousa e Quadros (2012: 329) explicam, "enquanto no *code-switching* há a alternância de uma língua para outra, no *code-blending* as duas línguas são produzidas simultaneamente, ocorrendo uma sobreposição de línguas".

A próxima seção define o conceito de empréstimos linguísticos e segue especialmente as diversas modalidades linguísticas que interferem e influenciam a Libras.

Empréstimos linguísticos e modalidades linguísticas

É uma característica natural do ser humano a capacidade e a utilização da linguagem e da língua. As línguas são empregadas pelos falantes de forma criativa e dinâmica, o que possibilita a expansão e o enriquecimento do vocabulário; a língua ganha vida por meio de seus falantes. O fluxo da linguagem e diversos fatores sociais, entre outros elementos, influenciam as várias formas de variação e mudança em uma língua.

As atividades humanas e as transformações sociais podem levar à criação de novas palavras ou sinais, conhecidos como neologismos, ou à incorporação de termos de outras línguas para suprir necessidades de expressão, chamados de empréstimos linguísticos. Esse contato pode ocorrer pessoalmente, como no caso de interações em áreas de fronteira, em eventos como conferências, transações comerciais, atividades turísticas ou culturais, ou pode ocorrer por meio do acesso a materiais estrangeiros, como livros, internet, filmes, entre outros.

Na Libras, os empréstimos linguísticos podem surgir a partir de diferentes processos de incorporação, originando-se tanto de línguas orais quanto de outras línguas de sinais, em diversas modalidades linguísticas. Esses empréstimos contribuem para a categorização de cada modalidade linguística em relação aos fenômenos linguísticos presentes na Libras. Estudos realizados por Faria-Nascimento (2009) e Nascimento (2010) apontam que os empréstimos linguísticos mais investigados no contexto acadêmico brasileiro, relacionados à Libras, são aqueles provenientes da língua portuguesa.

Destaca-se especialmente a modalidade que envolve o contato entre a Libras e o português, que é contato bimodal conforme classificação proposta por Quinto-Pozos e Adam (2015: 30), que se divide em dois tipos de interação: o primeiro é o contato unimodal, que ocorre entre as línguas na mesma modalidade, como o contato entre sinalizada-sinalizada, falada-falada ou escrita-escrita. O segundo é o contato bimodal, que se dá entre línguas em modalidades diferentes, como sinalizada-falada, sinalizada-escrita ou falada-escrita. Em Machado (2022), são abordados os estudos sobre empréstimos linguísticos envolvendo a Libras no Brasil, bem como o contato linguístico entre a Libras e outras línguas de sinais (línguas sinalizadas), além dos gestos culturais que operam na modalidade gesto-visual. Esse contato também é observado com a língua portuguesa, presente em duas modalidades distintas: a falada (modalidade oral-auditiva) e a escrita (modalidade gráfico-visual). Iremos apresentar um resumo da definição de cada fenômeno linguístico em cada modalidade, acompanhado de exemplos logo abaixo.

A *modalidade de língua falada* demonstra a forte influência da língua oral na língua de sinais e contribui para a formação do fenômeno conhecido como articulação-boca (*mouthings*), caracterizado pelo contato entre a língua falada e a língua de sinais. Nesse fenômeno, um usuário de língua de sinais realiza um sinal com movimentos articulatórios da boca, mas sem emitir som vocal.

Quando ocorre a presença simultânea de línguas de modalidades diferentes, surge o *code-blending* (Souza e Quadros, 2012). Segundo Quadros (2017), devido ao uso de articuladores distintos nas línguas de sinais em relação às línguas orais, falantes bilíngues podem produzir ambas as línguas simultaneamente, em sobreposição. Pêgo (2021) mostrou uma análise detalhada sobre o processo de articulação-boca, enfatizando que a comunicação humana, independentemente de ser realizada por surdos ou ouvintes, é multimodal, embora siga padrões convencionados por grupos sociais. Segue o Quadro 12 que ilustra a sinalização em "só" e "já" pela articulação-boca.

Quadro 12 – Articulação-boca: língua falada para língua sinalizada

| Articulação-boca: 'só' e sinal manual: ESCREVER | Articulação-boca: 'já' e sinal manual: LEI |

Fonte: Pêgo, 2021 e Machado, 2022; *Corpus* de Libras, Vilhalva, 2017 e Abreu, 2017.

Observa-se, no Quadro 12, que a articulação-boca pode apresentar formas e significados diferentes dos sinais manuais. Por exemplo, as palavras "só" e "já", influências da língua portuguesa através da articulação-boca, que atua como uma modalidade de língua falada, simultaneamente com outra modalidade de língua sinalizada, como nos sinais para ESCREVER e LEI (que têm uma relação mais estreita com a modalidade de língua escrita). A articulação-boca, combinada com os sinais manuais ao mesmo tempo, expressa uma forma de sobreposição, conforme já explicado anteriormente. Machado (2022) analisou os dados que mostram possível transferência de língua portuguesa para Libras com cópia de até duas sílabas pela articulação-boca. Por exemplo: COMO e ONDE pela articulação-boca.

ASPECTOS SOCIOLINGUÍSTICOS

A *modalidade de língua escrita* pode se ter uma noção dos possíveis empréstimos linguísticos de uma língua escrita para Libras, que nesse caso as configurações de mão da Libras são associadas ao registro gráfico das letras da língua portuguesa (Ferreira-Brito, 2010 [1995]).

Nessa modalidade, foco especificamente nos empréstimos oriundos da língua portuguesa escrita, pois é a língua que se encontra em contato permanente com a Libras; ambas coabitam o mesmo território, e os sinalizantes de Libras, surdos ou ouvintes, também são "falantes" da língua portuguesa, em algum nível. Essas ocorrências de sinais advindos da língua portuguesa demonstram que a influência da língua escrita (português brasileiro) em relação à Libras é produtiva. Machado (2022) identificou uma maior frequência de ocorrências de sinais em todas as modalidades, especialmente na língua escrita, no caso de português na Libras. Alguns exemplos seguem no Quadro 13.

Quadro 13 – Língua escrita para língua sinalizada

Fonte: Adaptado de Machado, 2022; *Corpus* de Libras: Ferreira, 2017; Vale, 2017; Campello, 2017; Albuquerque, 2017; Stumpf, 2017; Reichert, 2017.

Os informantes expressam esses léxicos de maneira singular, utilizando uma sequência de parâmetros que modificam a produção fonética. O parâmetro movimento, novamente, destaca-se como o mais significativo e produtivo nas alterações. Observa-se que, algumas vezes, os informantes utilizam a primeira letra da palavra em português, como S em SOLTEIRO, G em GRAMÁTICA e CT em COMUNICAÇÃO TOTAL. Em outros casos, é possível soletrar todas as letras de uma palavra em um único sinal soletrado, o que pode resultar na omissão ou na suavização fluida de algumas letras, como ocorre em SE, EX e VAI.

Ressaltamos que os autores Ferreira-Brito (2010 [1995]), Faria-Nascimento (2009), Nascimento (2010) e Cordeiro (2019) apresentaram as categorias de empréstimos linguísticos com influência da língua portuguesa (maioria na modalidade de língua escrita) na Libras.

A *modalidade de língua sinalizada* é como a forma de interação entre línguas de sinais da mesma modalidade refere-se aos empréstimos provenientes de outras línguas de sinais para a Libras. No internacional, Adam (2012: 852) observou que há uma escassez de estudos sobre empréstimos entre duas línguas de sinais. Rathmann (2020) destaca a importância de realizar mais pesquisas sobre a relação de contato unimodal. Ele mostrou alguns exemplos de estudos sobre as línguas majoritárias e as línguas minoritárias com a mesma modalidade de línguas sinalizadas, conforme registro no Quadro 14:

Quadro 14 – Contato linguístico unimodal

Sinalizado – Sinalizado	
TIPO	**EXEMPLO**[7]
a) LS Majoritária – LS Majoritária	LSM – ASL (Quinto-Pozos, 2008) LSE – LSC (Quer, 2012) DSGS – LSF – LIS LSFB – VGT
b) LS Minoritária – LS Majoritária	LS Irlandesa – Auslan РЖЯ – DGS
c) LS Local – LS Majoritária	ABSL – LS Israeliana
d) LS Local – LS Local	Comunidade da Yucatac – Comunidade da Maya (Safar, 2000)
e) Sinais Caseiros – LS Majoritária	

Fonte: Adaptado de Rathmann, 2020.

ASPECTOS SOCIOLINGUÍSTICOS

Os empréstimos linguísticos também podem ocorrer dentro da mesma fronteira linguística, mais precisamente, dentro da mesma língua de sinais, como é o caso da Libras, que apresenta suas próprias variedades e regionalismos. No contexto de contato entre diferentes línguas de sinais, geralmente há uma situação de fronteira que envolve a interação entre grupos distintos, ou ainda, encontros entre usuários de línguas de sinais diferentes em eventos e congressos internacionais. A relação do contato da mesma modalidade de língua sinalizada com a Libras ocorreu ao longo de sua história com outras línguas de sinais, como a Língua de Sinais Francesa (LSF); suas variedades linguísticas, como regionalismos do Brasil; suas fronteiras com a Língua de Sinais Uruguaia (LSU), Língua de Sinais Argentina (LSA), Língua de Sinais Venezuelana (LSV); suas influências culturais e redes sociais, incluindo a Língua de Sinais Internacional (IntSL) e a Língua de Sinais Americana (ASL). Alguns exemplos podem ser vistos no Quadro 15:

Quadro 15 – Língua sinalizada para língua sinalizada

Fonte: Adaptado de Machado, 2022; *Corpus* de Libras: Reis, 2017; Costa, 2017; Stumpf, 2017; Albuquerque, 2017; Souza, 2017; Abreu, 2017.

INTRODUÇÃO AO ESTUDO DA LIBRAS

Verifica-se no Quadro 15 que o primeiro sinal AVANÇAR foi adotado na IntSL e na ASL, podendo relacionar-se com significados como avançar, desenvolver, sucesso ou progresso, dependendo do contexto em que é usado. O segundo sinal, 'Determinantes/possessivos', como 'seu', 'sua' ou 'própria sua', também foi adotado na IntSL e na ASL. O terceiro sinal, TESE, foi incorporado ao sinal da LSF na Libras, enquanto o quarto sinal, MILÃO, provém da LIS. Os dois últimos sinais, DISCIPLINA e ALUNO, são exemplos de variedades linguísticas ou regionalismos no Brasil.

A *modalidade de gestos culturais* envolve o contato entre os gestos utilizados pela comunidade ouvinte, ou seja, gestos utilizados na comunicação humana, para a língua de sinais. Quinto-Pozos e Adam (2015: 33) afirmam, sobre os gestos: "alguns desses gestos podem tornar-se parte do léxico ou da gramática das línguas sinalizadas, como evidenciado, em parte, por mudanças em sua articulação em comparação com a forma como as pessoas ouvintes usam esses gestos". Mas, como mencionaram McCleary e Viotti (2011), estudar a relação entre gestos e língua de sinais é um desafio bastante complexo.

> Entretanto, se nas línguas orais é razoavelmente fácil separar o que é linguístico do que é gestual, nas línguas sinalizadas, o fato de o canal de produção de língua e gesto ser o mesmo dificulta imensamente a tarefa de definir o que é propriamente verbal e o que é propriamente gestual. (McCleary e Viotti, 2011: 290)

A gestualidade é uma característica intrínseca das línguas de sinais, permitindo que gestos culturais sejam lexicalizados e passem a integrar o léxico da língua receptora. Segundo Machado (2022), a transferência de gestos culturais para enriquecer o léxico de uma língua sinalizada é um tema que requer investigações mais profundas pela Linguística. É essencial abordar essa questão de maneira tipológica e envolver pesquisadores surdos, que possuem uma ampla percepção sociocultural da língua de sinais da qual são usuários.

Hoyer (2007) documentou como os gestos utilizados pelos ouvintes albaneses são lexicalizados na Língua de Sinais Albanesa, demonstrando assim a influência dos gestos na expansão do léxico dessa língua.

Segala (2021) conduziu uma pesquisa que investigou a influência das línguas em contato na Libras, especificamente focando na influência dos gestos culturais (emblemas). O autor analisou a origem de sinais na Libras, isto é, a influência dos emblemas que compõem o léxico, incluindo aqueles utilizados no Brasil, trazidos pela migração italiana, bem como os emblemas franceses. Além disso, investigou os emblemas brasileiros e italianos que tiveram contato com a Libras, analisando suas mudanças desde a época da escola do Ines até os dias atuais. Veja alguns exemplos sobre os gestos culturais no Quadro 16:

Quadro 16 – Os gestos para língua sinalizada

Fonte: Adaptado de Machado, 2022; *Corpus* de Libras: Vale, 2017; Segala, 2017; Souza, 2017; Campello, 2017; Abreu, 2017; Reis, 2017.

No Quadro 16 temos exemplos de gestos que foram convencionalizados na cultura ouvinte, ou seja, originários de comportamentos humanos, e que foram aceitos pela cultura surda. O primeiro sinal, TORCER, utiliza a forma dos dedos cruzados para expressar um sentimento de expectativa e esperança em relação a algo desejado. O segundo sinal, LOUCO, é comum na comunidade ouvinte e, ao ser lexicalizado na Libras, passou a significar "doido", representando alguém com transtorno mental. O terceiro sinal, BEBÊ, é um sinal com característica icônica (cf. o capítulo "Semântica", seção "Iconicidade"), representando um bebê de maneira visual. O quarto sinal, FALAR, prevaleceu como um gesto cultural indicando a ação de falar. O quinto sinal, ADIANTA-NÃO, mostra a mão tocando no queixo em movimentos repetitivos, sendo um exemplo típico de um gesto que pode indicar "não vale nada", "não adianta", ou "não estou nem aí". Por fim, o sinal DEIXAR-PARA-LÁ é utilizado para expressar despreocupação ou desinteresse em relação a algo. Todos esses sinais possuem uma complexidade considerável, uma vez que são multifacetados em seu uso e significado.

A próxima seção define a importância de compreender o conceito de variação linguística e mudança em relação à Libras, explorando especialmente os diferentes níveis linguísticos e categorias que interferem e influenciam a Libras.

VARIAÇÃO LINGUÍSTICA E MUDANÇA

A língua não é homogênea dentro de uma comunidade de fala; sempre apresentou variações em diversos aspectos, tanto em diferentes espaços quanto ao longo do tempo. É uma realidade heterogênea, influenciada por diversos fatores sociolinguísticos, como idade, *status* social, nível de escolaridade, gênero, entre outros. Portanto, é fundamental estudar a relação entre variação e mudança linguística levando em consideração esses elementos.

A variação e mudança são elementos fundamentais no estudo da sociolinguística variacionista, fundada principalmente por William Labov, frequentemente referida como teoria da variação e mudança. Como afirmou Bagno (2017), o princípio fundamental da sociolinguística é:

"Toda língua muda e varia", o que nos ajuda a entender como ocorrem as mudanças ao longo do tempo e as variações no espaço. Todas as línguas humanas variam no tempo e no espaço, bem como em função do ambiente linguístico em que uma determinada forma é utilizada.

A Libras está passando por um processo constante e gradual de variação e mudança, influenciado por uma variedade de fatores internos e externos, incluindo interações com outras línguas sinalizadas ou línguas faladas. Diante da crescente mobilidade geográfica dos usuários surdos da Libras e da diversidade de interações, é de suma importância examinar se existem mudanças linguísticas em curso, além de compreender os tipos e os mecanismos de variação que estão presentes. Vamos apresentar na próxima seção alguns estudos e exemplos relacionados à variação e mudança na Libras.

Variação linguística

As variações na Libras referem-se às alterações que ocorrem em um ou mais parâmetros da língua, mantendo o mesmo significado, mas exibindo diferenças em alguns traços linguísticos. Essas variações podem ocorrer em diferentes níveis linguísticos, como o fonético-fonológico, lexical e gramatical. De acordo com Xavier e Barbosa (2014), a variação na Libras se manifesta em formas distintas que podem ser adotadas por diferentes sinalizadores ou pelo mesmo sinalizador, sem que isso altere o significado.

Os autores explicam que a variação fonológica na Libras envolve parâmetros como configuração de mão, localização, movimento, orientação e marcação não manual, entre outros (cf. o capítulo "Fonética e fonologia"). A variação lexical, por sua vez, difere da variação fonológica. Na variação lexical, as variantes correspondem ao uso de diferentes sinais que têm o mesmo significado. Já a variação fonológica se refere a diferenças em unidades linguísticas mínimas, como a configuração da mão, a localização, a orientação da palma etc.

Seguem no Quadro 17 os exemplos de variação lexical que apresentam diferentes formas do mesmo significado, incluindo, especialmente, a variação regional:

INTRODUÇÃO AO ESTUDO DA LIBRAS

Quadro 17 – Os exemplos de variação lexical

Calendário AGOSTO			
	AGOSTO	AGOSTO-2	AGOSTO-5
Família MÃE	MÃE	MÃE-3	MÃE-4
Verbo FOFOCAR	FOFOCAR	FOFOCAR-2	FOFOCAR-3

Fonte: Quadros, 2023.

Os sinais apresentados como exemplos são de variação lexical, pois exibem diferenças nos parâmetros linguísticos. Este livro também aborda a variação com o sinal para a cor VERDE (cf. capítulo "Semântica", seção "Semântica e línguas de sinais"). O estudo de Xavier et al. (2023) sobre variação lexical, baseado no *Corpus* de Referência de Surdos, identificou sete variantes para o mês de agosto. Além disso, o sinal CALENDÁRIO possui 11 variantes, representando o maior número de variantes coletadas. As variações descritas resultam da estrutura linguística dos sinais e podem ser influenciadas por diversas razões de ordem linguística e sociais.

A variação lexical não se limita apenas aos regionalismos; inclui também outras formas de variação, como variação social, variação de registro, entre outras. Na próxima seção, discutiremos a mudança e a variação na Libras.

Mudança linguística

A mudança linguística é algo inerente a qualquer língua viva. Variação e mudança linguística andam de mãos dadas, pois toda mudança numa dada língua passa pelo processo de variação, ou seja, as línguas variam e essas variações, por vezes, desencadeiam a mudança, que pode afetar aspectos fonológicos, morfológicos, sintáticos e lexicais. Em Labov (2008), há cinco perguntas que resumem os fatores empíricos que condicionam as mudanças nas línguas, a saber:

1. Existe uma direção geral para a evolução linguística?
2. Quais os condicionantes universais das mudanças linguísticas?
3. Quais as causas do surgimento contínuo de novas mudanças linguísticas?
4. Por meio de que mecanismo as mudanças ocorrem?
5. Existe uma função adaptativa da evolução linguística? (Labov, 2008: 1992)

Entender os processos de mudança numa língua implica uma abordagem histórica, cuja finalidade é verificar a evolução linguística; trata-se de "olhar para trás da língua" a fim compreender as mudanças ocorridas no passado. Esse tipo de abordagem amplamente realizada pela linguística histórica tende a centrar em respostas para as questões 1 e 2. Em se tratando de línguas de tradição oral, sobretudo as línguas majoritárias que dispõem de um sistema de escrita consolidado sócio-historicamente, esse "olhar para trás da língua" é facilitado.

Mesmo que não haja registros orais do português usado no Brasil Colônia, por exemplo, é possível acessar certos usos das variedades dessa língua por meio da escrita. Essa realidade é bastante diferente quando se precisa fazer estudos diacrônicos das línguas de sinais, cujo registro mais adequado parece ser por meio de mídias digitais, especificamente por vídeo; há um grande hiato do que ocorreu no passado dessas línguas por falta de documentação. Isso não inviabiliza estudos históricos das línguas de sinais, mas certamente as informações históricas sempre datarão de um tempo mais curto – no caso da Libras, no máximo 35 anos, o que é pouco. Dessa forma, a direção da evolução linguística e os condicionantes universais de mudanças são circunscritos ao tempo a partir do qual há registros da Libras.

Se por um lado a mudança linguística é o estudo das evoluções ocorridas no passado, por outro, há um tipo de mudança em progresso. Assim, compreender a causa do surgimento contínuo de mudanças, seus mecanismos e suas funções adaptativas (questões de 3 a 5) são fatores inerentes à abordagem da mudança em progresso. Como descreve

Labov (2008), esses fatores não são necessariamente excludentes, de modo que uma causa da mudança pode estar diretamente relacionada a fatores adaptativos.

A história da língua de sinais no Brasil, hoje denominada Libras, remonta ao século XIX e está diretamente ligada à língua de sinais francesa (LSF). Dessa forma, muitas unidades lexicais da LSF chegaram ao nosso país por meio do contato e passaram por processos adaptativos e por mudanças linguísticas. Veja-se, por exemplo, os sinais diacrônicos, que são itens lexicais evoluídos historicamente, da LSF para a Libras, no Quadro 18. Os três primeiros, ÁGUA, CAFÉ e BURRO, foram extraídos do dicionário *Iconographia dos signaes dos surdos-mudos*, de 1875, de autoria do surdo Flausino Gama. Eram sinais usados como empréstimos da LSF e, com o passar do tempo, sofreram mudanças linguísticas e se consolidaram no sistema da Libras como demonstrado na imagem do lado direito do quadro.

No último exemplo do Quadro 18, o sinal MESTRADO (imagem à esquerda – doravante, MESTRADO1) em Libras, usado amplamente pela comunidade surda não acadêmica, e o sinal MESTRADO (imagem à direita, doravante MESTRADO2), usado, atualmente, pela comunidade surda acadêmica em Maceió.

No caso em discussão, não é que uma forma linguística, MESTRADO1, variante usada em Maceió, tenha passado por processo de variação e mudado para MESTRADO2, variante usada amplamente no contexto acadêmico no país. Trata-se, antes, de duas formas lexicais coexistentes na Libras, sendo que uma delas, MESTRADO1, parece estar em processo de desuso em detrimento da outra, cujo uso tem se mostrado mais proeminente, MESTRADO2. Forças externas ao sistema linguístico levam a adaptações na estrutura da língua: a presença constante da unidade lexical MESTRADO2 no contexto acadêmico (materiais didáticos, palestras, conferências, aulas) parece suplantar a forma MESTRADO1, fazendo com que os usuários da Libras que participam ativamente da cena acadêmica passem a usar apenas MESTRADO2.

INTRODUÇÃO AO ESTUDO DA LIBRAS

Quadro 18 – Exemplos de mudança linguística

ASPECTOS SOCIOLINGUÍSTICOS

> MESTRADO

Os três primeiros exemplos apresentados visam demonstrar que a Libras também passa por processos diacrônicos, onde sinais anteriormente classificados como empréstimos linguísticos podem, ao longo do tempo, ser reinterpretados como novos itens lexicais originários da própria Libras, especialmente quando a história da língua não é amplamente conhecida. É crucial destacar que esse fenômeno diacrônico é um processo comum a todas as línguas, refletindo a evolução contínua de uma língua viva.

Relevante pesquisa realizada por Diniz (2010), com três dicionários, a saber: *Iconographia dos signaes dos surdos-mudos* (1875), *Linguagem das mãos* (1969) e *Dicionário digital da Libras do Ines* (2006), demonstra, por meio de documentos de épocas históricas distintas, os processos de mudança linguística. A pesquisadora Diniz comenta sobre a importância dos dicionários para a comparação de sinais históricos, destacando que:

> Neste processo, é comum que as palavras emprestadas ganhem vida própria na língua de destino, modificando-se fonológica e semanticamente, a ponto de muitas palavras que consideramos típicas de uma língua serem, na verdade, empréstimos antigos de outras línguas. (2010: 45)

Nos termos de Martinet (2014), nas línguas tudo pode mudar, evoluir. Assim, "surgem novos fonemas, novas palavras, novas construções, enquanto outras unidades e maneiras de dizer diminuem de frequência e caem no esquecimento" (Martinet, 2014: 192). Ainda para este autor, os usuários das línguas não se dão conta dos processos de mudança por que passam as línguas, havendo alguns fatores que nos levam à crença equivocada da homogeneidade linguística: a estabilidade da forma escrita, o conservadorismo linguístico (herança escolar e de certas mídias) e a própria incapacidade do indivíduo de se lembrar como falava há 10 ou 20 anos. Embora a reflexão de Martinet esteja pautada em línguas orais, essa realidade não diverge das línguas sinalizadas, a não ser pelos aspectos relativos ao poder coercitivo que a escrita exerce sobre as línguas orais.

Diante das mudanças linguísticas, os falantes desenvolvem julgamentos positivos ou negativos. Ao perceber uma mudança na língua, um falante não linguista, no geral, tende a ter uma atitude negativa, crendo na depreciação ou degeneração da língua ou mesmo numa posição de resistência à mudança. Por outro lado, alguns falantes tendem a ter uma visão positiva das mudanças, julgando-as mais confortáveis, inovadoras. Segundo Faraco (2006: 76), "essas representações do senso comum da realidade da mudança linguística, embora hoje abandonadas pelos linguistas, ocorreram como formulações científicas na história da nossa disciplina [Linguística Histórica]".

A mudança linguística não ocorre isoladamente; a mudança sempre começa pela variação. Duas ou mais formas linguísticas podem variar o tempo todo, podem coexistir na língua e não haver a mudança. No entanto, para haver mudança, há de haver variação. Nesse caso, uma forma linguística, ao longo do tempo, evolui para outra ou substitui outra. Não é possível estudar variação linguística e mudança linguística separadamente, pois elas estão intrinsecamente relacionadas e se influenciam mutuamente. Assim, a variação pode ser vista como o espaço e a mudança como o tempo. Como dito por Tarallo (2007: 63), "mudança é variação".

REFLEXÕES FINAIS

Os dados apresentados neste capítulo não esgotam as possibilidades de pesquisas sobre os aspectos sociolinguísticos da Libras; pelo contrário, espera-se que sirvam de estímulo para novos pesquisadores se encorajarem e ampliarem as investigações linguísticas relacionadas à Libras e sua estruturação, de modo a beneficiar tanto o ambiente acadêmico quanto a sociedade como um todo, com destaque para a comunidade surda. A realização de pesquisas valoriza a Libras, reconhecendo-a em sua totalidade, incluindo aspectos socioculturais, históricos, políticos e linguísticos.

Nesse contexto, seria pertinente não restringir o estudo da sociolinguística em relação à Libras, mas sim promover uma ampliação crescente de pesquisas na área. É crucial considerar o estabelecimento de uma agenda de pesquisa que amplie o escopo dos estudos sociolinguísticos com o objetivo de descrever o sistema linguístico da Libras. Isso deve incluir a análise de fenômenos variáveis em diferentes níveis linguísticos sob a perspectiva da Sociolinguística. A investigação deve abranger política linguística, atitudes linguísticas, Dialetologia, Sociolinguística Histórica, Geolinguística, Sociolinguística Variacionista. Como as línguas são entidades vivas, dinâmicas e em constante evolução, é essencial investigar e documentar os fenômenos linguísticos para que, especialmente no caso das línguas de sinais, esses fenômenos sejam tornados visíveis no cenário brasileiro.

Aquisição de língua de sinais por surdos

A aquisição da língua de sinais começou a ser estudada na década de 1980 no contexto em que se estabeleciam os estudos das línguas de sinais no campo da Linguística. Dessa forma, inicialmente os estudos se ocuparam de identificar se havia um paralelo entre o processo de aquisição das línguas faladas e línguas de sinais.

Inicialmente, os pesquisadores realizaram estudos para verificar os estágios de aquisição da língua de sinais, a partir de duas questões básicas: (1) Quais os aspectos do desenvolvimento da linguagem que são universais, observados para todas as línguas? e (2) Quais os aspectos do desenvolvimento da linguagem variam? (Chen et al., 2019). Quanto à primeira questão, o foco foi em comparar o desenvolvimento de crianças adquirindo línguas de sinais com crianças adquirindo línguas faladas. Referente à segunda questão, especificamente, atentou-se para possíveis efeitos de modalidade na aquisição da linguagem.

As propriedades da linguagem consideradas universais incluem o fato de os usuários observarem uma organização estrutural das línguas e o fato de as línguas serem criativas, ou seja, os usuários podem produzir ou entender orações com que eles nunca se depararam antes. Além desses dois pressupostos universais, as línguas são produtos de mecanismos cognitivos humanos operando em diferentes contextos sociais. Quanto à organização estrutural do ponto de vista linguístico, as línguas apresentam um léxico, fonologia, morfologia, sintaxe, semântica, pragmática e operadores discursivos. Tudo isso entra em jogo no processo de aquisição de uma ou mais línguas a partir de interações da criança com outras pessoas compartilhando o mesmo sistema linguístico (ou os mesmos sistemas linguísticos, ou seja, uma ou mais línguas).

As crianças adquirem a linguagem passando por etapas que refletem o seu desenvolvimento motor, cognitivo e linguístico. Quanto às línguas, a criança percebe e compreende a linguagem e passa a produzi-la de forma mais fluida ao longo do seu crescimento. Inicialmente, por volta do primeiro ano de vida, o bebê começa a segmentar o input linguístico e balbucia as primeiras palavras. No segundo ano de vida, o léxico começa a compor com o desenvolvimento fonológico. Entre 18 e 36 meses, em seu terceiro ano de vida, o bebê amplia o léxico e desenvolve a morfossintaxe. A partir dos 3 anos de idade, a sintaxe avança permeada pelo sentido e operadores discursivos começam a entrar em jogo.

De modo geral, os estudos da aquisição de línguas de sinais identificaram que os passos deste processo acontecem de forma paralela entre crianças surdas e crianças ouvintes (por exemplo, Lillo-Martin, 1986; Quadros, 1997; Petitto, 2000). No entanto, além dos aspectos comuns, os pesquisadores têm identificado que os efeitos de modalidade de língua, tais como os aspectos envolvendo a simultaneidade, a iconicidade, o uso gramatical do espaço e a necessidade de acesso visual, impactam no desenvolvimento da linguagem em crianças surdas. A simultaneidade envolvida na produção dos sinais pode afetar aspectos do desenvolvimento fonológico; a iconicidade saliente nas línguas de sinais pode afetar o desenvolvimento lexical com o desenvolvimento de estruturas altamente motivadas; o uso do espaço pode afetar o desenvolvimento morfológico e a acessibilidade visual pode ser importante para o estabelecimento da atenção compartilhada nas interações em língua de sinais (Chen et al., 2019).

É importante considerar que os estudos que identificam um paralelo na aquisição da linguagem entre crianças surdas e crianças ouvintes, contam com crianças adquirindo a língua com seus pais. Isso parece ser óbvio ao se falar sobre aquisição da linguagem. No entanto, no caso de bebês surdos não é o que acontece normalmente, pois mais de 90% das crianças surdas nascem em famílias que não são sinalizantes, uma vez que seus pais são ouvintes e falantes de uma língua falada. As pesquisas que identificam a existência deste paralelo detêm-se em famílias de crianças surdas, filhas de pais surdos. Considerando isso, é importante discutir a aquisição de crianças surdas em diferentes contextos de aquisição: crianças surdas com pais surdos, crianças surdas com pais ouvintes e crianças ouvintes com pais surdos (Quadros, 2019).

Quando contamos com famílias de surdos, normalmente essas famílias integram comunidades surdas, favorecendo um ambiente linguístico em língua de sinais que constitui a aquisição da linguagem de forma apropriada. No entanto, quando temos crianças surdas com famílias ouvintes, há diferentes aspectos que determinam o desenvolvimento da linguagem em crianças surdas. Algumas famílias buscam aprender a língua de sinais e contam com a parceria de outros profissionais que oferecem um ambiente linguístico em língua de sinais favorável ao desenvolvimento da linguagem a partir de uma língua de sinais. Por outro lado, há famílias que são orientadas a não exporem seus filhos à língua de sinais com a expectativa de estabelecerem o desenvolvimento da língua falada no país por meio de intervenções médicas e clínico-terapêuticas. Neste último caso, muitas vezes há implicações na aquisição que determinam atrasos no desenvolvimento da linguagem em função do tempo dedicado ao processo de intervenção, assim como às dificuldades implicadas no acesso à língua falada, o que causa, inclusive, prejuízos importantes na constituição da linguagem destas crianças surdas. Há também famílias que recorrem a opções intermediárias, buscando oferecer um desenvolvimento bilíngue em língua de sinais e em língua falada para dar oportunidade ao filho de se constituir bilingualmente desde o início de seu desenvolvimento da linguagem. Considerando estas três opções familiares, há várias outras variáveis que podem impactar no desenvolvimento da linguagem de uma criança surda.

Neste capítulo, abordaremos a questão da privação da linguagem que acontece frequentemente com crianças surdas que não são expostas a uma língua de sinais. Nesta parte, apresentamos alguns prejuízos já identificados em pesquisas que impactam no desenvolvimento da linguagem da criança surda. Também apresentamos as etapas de aquisição de língua de sinais considerando crianças surdas de aquisição normal, ou seja, expostas à língua de sinais desde o seu nascimento. Normalmente, nestes casos, os bebês surdos são filhos de pais surdos, mas há também famílias ouvintes que buscam alternativas para garantir a aquisição da linguagem em ambientes linguísticos em uma língua de sinais (por exemplo, com apoio institucional que inclui adultos surdos e crianças surdas e outras pessoas fluentes em língua de sinais). Posteriormente, discutiremos o bilinguismo em surdos, incluindo a questão da educação bilíngue e sua importância na constituição linguística, social e cultural das crianças surdas.

PRIVAÇÃO DA LINGUAGEM

A aquisição da linguagem em crianças requer um ambiente que ofereça 'input' linguístico, ou seja, subsídios que incluam estruturas gramaticais da língua direcionadas à criança e, também, acessíveis a ela. Isso significa que a criança precisa ter acesso a um ambiente no qual estejam usando uma língua acessível a ela. Se a criança surda tiver isso na sua família ou na escola, ela vai adquirir a língua a qual está exposta. Normalmente, a própria família, professores e outras crianças oferecem o input necessário para a criança adquirir a linguagem.

No entanto, o input linguístico muitas vezes não é acessível à criança surda. Se ela não acessa o input da língua falada ou da língua de sinais, isso pode acarretar em prejuízos no seu desenvolvimento da linguagem. Algumas vezes, em contextos favoráveis de interação interpessoal, as crianças surdas que não acessam às línguas no início do seu processo de aquisição acabam desenvolvendo um sistema de comunicação gestual que pode configurar um sistema linguístico inicial (Goldin-Meadow, 2023). Este sistema é referido por Goldin-Meadow (2003) como 'sinais caseiros' que auxiliam na necessidade imediata de comunicação, mas ainda considerado empobrecido do ponto de vista do desenvolvimento da linguagem.

Newport e Supalla (1980) analisaram o desenvolvimento de crianças surdas com *input* em língua de sinais atrasado e constataram que tais atrasos podem implicar efeitos na compreensão, na produção e no processamento da linguagem. Tais efeitos de processamento da linguagem têm sido estudados identificando-se prejuízos, às vezes, irreparáveis na constituição linguística da pessoa surda (Johnson, Liddel e Erting, 1989; Islraelite et al., 1992; Quadros, 1997; Morford e Mayberry, 2000; Mayberry, Lock e Kazmi; Mayberry, 2010). Essas pesquisas indicam que os primeiros anos de vida da criança são ideais para a aquisição da linguagem, pois não havendo acesso linguístico inicial, as crianças apresentam prejuízos linguísticos que podem ser identificados ao longo de sua vida e impactam no seu desenvolvimento integral. Mayberry (2010) reporta efeitos na gramática de múltiplas ordens em surdos adultos que foram privados da língua de sinais na infância.

A expressão 'privação da linguagem' tem sido usada para todos os casos em que adultos privam as crianças surdas de acesso à língua de sinais, mesmo quando elas são expostas de alguma forma à língua falada (por exemplo, por meio de intervenções médicas e/ou fonoaudiológicas) (Quadros e Lillo-Martin, 2021). Quadros e Lillo-Martin (2021) também mencionam efeitos de ordem psicossocial, pois a privação pode causar inquietações, tristeza, revolta, comprometendo as interações do ponto de vista social, assim como problemas para a constituição da identidade do ser surdo.

A questão está associada ao que introduzimos inicialmente como 'acessível'. O fato de a língua falada estar em uma modalidade oral-auditiva não acessada pela criança surda apresenta riscos potenciais de prejuízos no desenvolvimento da linguagem. A criança surda vê a língua de sinais de forma espontânea quando interage com pessoas que a usam, sem intervenções médicas. Por outro lado, a língua falada precisará de recursos interventivos para que ela possa acessá-la, o que requer tempo maior do que se estivesse exposta naturalmente à língua de sinais.

Segundo Lenneberg (1967), a aquisição da linguagem fica mais difícil com o passar dos anos.

> A primeira língua não pode ser adquirida com a mesma facilidade durante todo o período compreendido entre a infância e a senectude (velhice). Ao mesmo tempo em que a lateralidade cerebral se torna firmemente estabelecida (por volta da puberdade), os sintomas da afasia adquirida tendem a se tornar irreversíveis em cerca de três a seis meses a partir de seu início. O prognóstico de recuperação completa rapidamente deteriora-se com o avanço da idade depois da adolescência. Os limites para a aquisição da primeira língua por volta da puberdade são ainda demonstrados em casos de pessoas com retardo mental, que frequentemente conseguem fazer progressos lentos e modestos na aquisição da linguagem até o início da adolescência, período em que *status* de sua língua e linguagem tornam-se permanentemente consolidados. (Lenneberg, 1967: 178)

Quando a criança não tem acesso à língua, há comprometimentos sérios no seu desenvolvimento. Conforme Quadros e Lillo-Martin (2021: 218), "diferente das crianças ouvintes que acabam acessando a língua de alguma forma ouvindo a língua ser falada por várias pessoas, as crianças surdas, ao não ouvirem a língua falada e não verem a língua de sinais, acabam tendo comprometimentos mais sérios de ordem linguística que podem impactar no seu desenvolvimento geral".

O input em sinais ou falado é determinado qualitativamente e quantitativamente afetando o desenvolvimento da linguagem. As crianças precisam de um input acessível por meio de uma língua completa com diferentes pessoas, ou seja, os pais, os irmãos, os amigos e seus pares. Nesse caso, o input envolve o uso comum de uma língua de sinais que seja direcionada à criança, uma atenção compartilhada efetiva e com conteúdo relevante, informativo e prazeroso para a criança.

Spencer e Harris (2006) identificaram qualidades da língua de sinais direcionada à criança. Eles analisaram mães surdas e ouvintes interagindo com seus bebês na língua de sinais americana e constataram que a sinalização era sempre feita no campo visual da criança por meio de estratégias táteis (tocando ou sinalizando no corpo da criança) e frequentemente utilizando sentenças mais simples. As mães surdas também usavam expressões faciais marcadas, com produções ritmadas e coordenação de movimentos e tempo ajustados à atenção compartilhada com a criança. A atenção compartilhada implica ter o foco no mesmo objeto sobre o qual o adulto e a criança estão conversando, favorecendo a aquisição da linguagem. As crianças ouvintes podem continuar a olhar para o objeto enquanto o adulto fala sobre ele, mas a criança surda precisa compartilhar o olhar entre o objeto e os seus interlocutores. Se ela não olhar, não verá a sinalização sobre o objeto (Lieberman, Hatrak e Mayberry, 2011).

Quadros e Lillo-Martin (2021) apresentam alguns argumentos favoráveis ao acesso à língua de sinais por crianças surdas. As pesquisas com o desenvolvimento da linguagem em crianças e adultos surdos têm apresentado evidências de que a exposição à língua de sinais é fundamental para a constituição linguística e cognitiva de pessoas surdas. A exposição precoce à língua de sinais apresenta uma base sólida na primeira língua e viabiliza um processamento da linguagem e processamento gramatical mais eficiente (Emmorey e Corina 1990; Emmorey et al., 1995). Os estudos também verificaram que o acesso à língua de sinais garante a aquisição consolidada da fonologia que dá sustentação para a aquisição de outras línguas (por exemplo, a leitura e escrita na língua usada no país) (Morford e Mayberry, 2000). Outros estudos também verificaram que a aquisição da língua de sinais não traz prejuízos para a aquisição da língua falada e escrita (Davidson, Lillo-Martin e Chen-Pichler, 2014), mas, sim, potencializa a aquisição da outra língua. Ainda, os estudos indicam que crianças surdas com referências linguísticas de surdos adultos garantem um ambiente que permite o acesso à aquisição da linguagem e viabiliza uma interação na língua de sinais que favorece também aos familiares aprenderem-na (Gagne, Senghas e Copolla, 2019).

Considerando os resultados dos estudos com crianças e adultos surdos, faz-se necessário garantir a aquisição da língua de sinais às crianças surdas de forma precoce, para que não haja prejuízos de ordem linguística, social e cultural que possam impactar no seu desenvolvimento decorrentes de possíveis privações da linguagem.

AS ETAPAS DE AQUISIÇÃO
DA LÍNGUA DE SINAIS COMO L1

Nesta seção, apresentamos os estágios do desenvolvimento da língua de sinais, de 0 a 6 anos. Focamos na aquisição de crianças surdas que contam com acesso à língua de sinais desde os primeiros meses de vida. Esse contexto de aquisição garante o desenvolvimento da língua de sinais de forma análoga ao processo identificado em crianças ouvintes que são também expostas à língua desde o início de suas vidas.

Os bebês surdos nascem já dotados da capacidade para desenvolver a linguagem humana. Eles apenas precisam interagir com outras pessoas que usam uma ou mais línguas para desencadear o processo de aquisição da linguagem que garantirá a consolidação de sua língua/ línguas (Quadros e Finger, 2013). Os bebês surdos distinguem sinais linguísticos de não linguísticos (por exemplo, movimentos de coçar a cabeça de um movimento articulado com configuração e localização que forma um sinal). Eles começam a identificar as configurações de mãos, os movimentos e as localizações associadas a um sinal muito cedo e começam a balbuciar, ou seja, produzem sinais, mesmo que não constituam ainda sinais da língua de forma clara, mas que refletem esse conhecimento de base fonológica. Assim, os bebês surdos começam a distinguir os fonemas da língua de sinais aos quais estão expostos. Isso acontece por volta dos seis meses de idade. O balbucio envolve reduplicação de sequências com as quais o bebê brinca. Os bebês ouvintes balbuciam oralmente produzindo combinações de sons, enquanto os bebês surdos balbuciam manualmente produzindo combinações de configurações de mãos, movimentos e localização (Petitto e Marentette, 1991). Essas combinações são feitas e tornam-se sinais com o passar dos dias, assim o bebê, por volta do seu primeiro ano de vida, já produz os seus primeiros sinais. A criança surda constitui um sistema linguístico contrastivo de forma gradativa até consolidar a sua língua. No início, os bebês podem fazer substituições de uma configuração por outra, por exemplo, ou até mesmo simplificações, até produzirem os sinais consistentemente.

Karnopp (1994) identificou que localização é mais fácil que configuração de mãos, pois as crianças estão desenvolvendo suas habilidades motoras e as configurações de mãos exigem habilidades em controlar e manipular os dedos individuais das mãos para formar as configurações de cada sinal. Karnopp (1994) apresenta, por exemplo, o sinal de PATO com uma configuração de mão com mão aberta, ao invés da seleção dos dedos indicador e médio para produzi-la.

Também parece haver efeitos motores que implicam em utilizar articulações mais próximas do corpo, por exemplo, ao produzir o sinal, ao invés de usar a articulação dos dedos, o bebê usa a articulação do punho, ou do braço, ou do ombro. Quanto às configurações de mãos, a tendência é usar as mais simples, como a mão fechada ou a mão totalmente aberta ou o com o dedo indicador no formato de apontar, pois são formas não marcadas (Boyes Braem, 1990). Os bebês também apresentam preferência por movimentos repetidos em vários sinais, estendendo as formas replicadas aos sinais que produzem (Meier, 2006 e Meier et al., 2008).

Os bebês, neste primeiro ano, estão muito ocupados com o desenvolvimento fonológico, até começarem a produzir vários sinais. Chegam, portanto, no estágio dos primeiros sinais por volta de 12 a 18 meses. No período de produção de sinais isolados, as crianças usam os sinais para representar orações inteiras. Também usam os sinais com significado mais amplo e aplicam o sinal às categorias mais gerais. Os bebês começam a nomear as coisas e generalizam as palavras que conhecem. Por exemplo, a seguir apresentamos um exemplo de produção de sinal COPINHO por um menino surdo adquirindo a Libras, no qual o sinal significa "Onde está o copinho?":

(105) LÉO 1 ano e 8 meses

COPINHO

Fonte: Acervo próprio.

Os estudos também analisaram os efeitos da iconicidade no processo de aquisição de línguas de sinais, pois talvez o fato de vários sinais terem motivação icônica pudesse facilitar a aquisição dos bebês expostos à língua de sinais. No entanto, parece que de modo geral os bebês acabam passando pelos mesmos períodos de aquisição. Por exemplo, Petitto (1987) verificou que os bebês surdos podem usar a apontação gestual muito cedo, mas que acabam passando por uma transição sem apontação alguma e retomam a apontação posteriormente, mas de forma gramatical. A autora constata o uso gramatical da apontação, porque os bebês surdos apresentam erros de reversão pronominal, assim como atestados com crianças adquirindo uma língua falada. Ao invés de apontar para si para a primeira pessoa (EU), o bebê aponta para a outra pessoa (ELA), a mãe pergunta: – O nenê quer água? E o bebê responde: – Ela quer água. Enfim, os pesquisadores acabaram concluindo que a iconicidade não facilita a aquisição da língua de sinais, mas, sim, parece integrar os mecanismos próprios da língua (Petitto, 1987; 1988; Reilly, Mcintire e Bellugi, 1990).

Entre 18 e 36 meses acontece a explosão de vocabulário já com o sistema fonológico estabelecido, iniciando a estruturação gramatical, incluindo o uso do espaço gramatical. Entre 8 e 12 meses, os bebês têm entre 2 a 17 sinais, de 12 a 17 meses, de 7 a 107 sinais, de 18 a 23 meses, de 39 a 348 sinais, de 24 a 29 meses, de 102 a 417 sinais e de 30 a 35 meses entre 249 e 518 sinais (Anderson e Reilly, 2002, a partir de estudo da aquisição da língua de sinais americana). Padden (2006) identificou também que neste período as crianças reconhecem e produzem sinais soletrados. As crianças reconhecem a soletração de palavras como unidades singulares e aprendem a soletrar palavras por volta dos 2 anos de idade. Então, na medida em que elas contam com um vocabulário maior, começam a combinar seus sinais formando orações apresentando diferentes estruturas gramaticais. Por exemplo, Anderson (2006) identificou estruturas interrogativas e negativas, produções de sinais que indicam emoções e verbos cognitivos (QUERER, GOSTAR, PENSAR). A ordem dos sinais foi analisada na Libras (Quadros, 1997). Os bebês combinam sinais formando predicados, normalmente omitindo o sujeito oracional. A seguir, apresentamos um exemplo de um bebê surdo adquirindo a Libras, produzindo combinações de sinais que formam uma oração:

(106) LÉO 1 ano e 9 meses

IX(panelinha) COZINHAR. COZINHAR+. BEBER IX(lá).

Esta panelinha para cozinhar, sim cozinhar. Eu vou pegar água para beber lá.

Fonte: Acervo próprio.

(107) LÉO 2 anos e 6 meses

DESCULPA. CHAMAR DESCULPA BOM?

Ok, eu peço desculpas. Hein, você, desculpa, tá?

Fonte: Acervo próprio.

Com 2 anos de idade, já identificamos o uso da concordância verbal nas produções de crianças surdas:

(108) LÉO 2 anos e 1 mês:

VIR REZAR IX(anjo)

Você vem rezar comigo para o anjo.

Fonte: Acervo próprio.

O verbo VIR inicia na direção da mãe, incorporando a segunda pessoa, e finaliza na direção da criança. Aqui, há o uso da trajetória no verbo com concordância VIR. No próximo exemplo, Léo usa o verbo MORDER marcado com concordância verbal na sua direção.

(109) LÉO 2 anos e 1 mês:

CHORAR QUER, MORDER.

Você quer chorar, o urso me mordeu.

Fonte: Acervo próprio.

    Depois dos 3 anos de idade, as crianças surdas refinam o seu processo de aquisição gramatical consolidando a sua gramática e incorporando aspectos pragmáticos-discursivos, ou seja, começam a aprender a usar a língua observando aspectos culturais e contextuais, por meio de estruturas cada vez mais complexas. A consolidação da gramática acontece também com o uso consistente de marcações não manuais. Os bebês já começam a usar algumas marcações não manuais, mas somente mais tarde as crianças aplicam tais marcações de forma consistente associadas aos tipos de estrutura gramatical. Por exemplo, as crianças marcam interrogativas e negativas, da mesma forma como os adultos em estágios mais avançados de aquisição. Os estudos indicam que isso acontece porque as crianças precisam associar o tipo de marcação não manual com a estrutura gramatical correspondente (Anater, 2009). Morgan (2006) analisou narrativas produzidas por crianças de 4 a 14 anos e constatou que somente depois dos 6 anos de idade, elas apresentam uma estrutura narrativa consolidada, com referentes estabelecidos e anaforicamente retomados de forma consistente e com uma sequência de eventos apropriada. Quadros (1997) constatou que crianças utilizam o espaço gramatical com uso de referentes e argumentos nulos gramaticais por volta dos 6 anos de idade. Quanto ao uso de alternância de papéis, um recurso altamente produtivo nas línguas de sinais em que o sinalizante incorpora os referentes no seu próprio corpo, as crianças evidenciam seu uso de forma consistente por volta dos 7 anos de idade (Emmorey e Reilly, 1998).

    Os estudos de aquisição de línguas de sinais, incluindo os estudos com crianças surdas brasileiras, indicam uma trajetória de aquisição da linguagem que passa pelos mesmos períodos de aquisição observados em crianças adquirindo uma língua falada. Os bebês iniciam com o balbucio, produzem suas primeiras palavras, depois combinam as palavras formando orações e avançam progressivamente na aquisição da gramática, incluindo estruturas mais complexas, e da estrutura informacional até por volta dos 9 anos de idade. Vemos, portanto, um paralelo entre a aquisição da língua de sinais e da língua falada, o que reflete a natureza humana para o uso das línguas nas interações sociais. No entanto, a modalidade apresenta efeitos linguísticos que ainda precisam ser estudados para compreendermos melhor a aquisição das línguas de sinais em contraste com as línguas faladas.

BILINGUISMO EM SURDOS

A constituição bilíngue dos surdos

> A língua de sinais é a minha língua, afinal de contas, a mão é sua ou é minha?
> (Gelda Maria de Andrade, Depoimento concedido à TV Minas, 1996)

As línguas na constituição linguística dos surdos apresentam diferentes vieses, mas de modo geral configuram o bilinguismo, no qual a língua de sinais e a língua falada apresentam funções diferentes na vida das pessoas surdas. Na verdade, há vários "bilinguismos" dependendo das interações que os surdos manejam em uma e em outra língua. Ao longo dos anos, registramos comentários dos surdos a respeito das representações que têm das línguas no seu dia a dia. Quadros et al. (2018) realizaram um levantamento sociolinguístico por meio de um questionário aplicado online em que foram abordadas as relações dos surdos com as línguas. De modo geral, os surdos usam a Libras como forma de comunicação diária para conversarem entre si e também para conversarem com os ouvintes. Quando não é possível a comunicação por meio da Libras, eles acabam utilizando o português. Alguns conseguem articular parcialmente o português oralmente, mas, de maneira geral, acabam recorrendo à forma escrita. O uso do celular tornou-se um grande aliado nestes contextos de comunicação que se restringem a escrita do português. A seguir, apresentamos alguns relatos de surdos sobre as línguas na vida deles.

Desde antes da proibição do uso da língua de sinais em sala de aula à permissão do seu uso, os surdos usam e abusam da língua de sinais brasileira em diferentes espaços da sociedade. Essa língua se constituiu na "comunidade surda brasileira", principalmente dos grandes centros urbanos, no encontro surdo-surdo.

Os surdos brasileiros resistiram à tirania do poder que tentou silenciar as suas mãos, mas que, felizmente, fracassou nesse empreendimento autoritário. Os surdos adquiriram a língua de sinais pela janela, como diz Basso (2003), mas a adquiriram e perpetuam por meio do seu uso com outros surdos, valores, ideias e concepções de mundo. Resistiram criando espaços fora da escola: nos pontos de encontros, nas associações de surdos, nas casas dos pares surdos, onde, ao se encontrarem conversavam entre si, planejam os encontros, organizavam as festas na sua própria língua, ou seja, a língua de sinais brasileira. Redes estas que foram fortalecidas por meio das festas de aniversário das associações de surdos, dos jogos, das competições esportivas. Os surdos sempre se organizaram em verdadeiras caravanas para se deslocarem até a instituição que sediava e sedia o ato cultural, esportivo e social. Por meio desses contatos, os amigos e líderes se encontravam e encontram para trocar ideias e contar as novidades. Atualmente, essas redes estão potencializadas por meio do uso de celulares e internet.

A língua de sinais brasileira é visual-espacial representando por si só as possibilidades que traduzem as experiências surdas, ou seja, as experiências visuais. Os surdos veem a língua que o outro produz por meio do olhar, das mãos, das expressões faciais e do corpo. É uma língua vista no outro.

As línguas de sinais de vários países foram preservadas e passadas de geração em geração por meio das associações de surdos e famílias de surdos. No Brasil, as associações de surdos sempre mantiveram intercâmbios por meio de redes possibilitando contatos entre surdos do país inteiro. As festas, os jogos, os campeonatos, as sedes organizadas por surdos são formas de interação social e linguística que não aparecem nas escolas de surdos (muito menos nas escolas regulares) por representarem movimentos de resistência a um sistema que poda, que determina, que lesa a formação da comunidade surda brasileira.

Que significados os surdos atribuem a sua própria língua? Com base em trechos de conversas com surdos sobre a língua de sinais, apresento algumas possíveis reflexões sobre esta pergunta.[1]

> Eu me sinto melhor usando a língua de sinais. Acho que é mais fácil, leve e suave. Eu gosto de conversar na língua de sinais, não preciso fazer esforço, pois a conversa flui. Os sinais saem sem eu pensar, muito melhor. Posso falar de tudo na língua de sinais. Eu aprendo sobre as coisas da vida, sexo, trabalho, estudos, tudo na língua de sinais. Eu gosto de encontrar com outros surdos só para conversar, pois consigo relaxar. Eu prefiro usar sinais, mais fácil, melhor. [S. 2000]

Nessa passagem, percebe-se que a língua de sinais apresenta a possibilidade efetiva de troca com o outro. Além disso, é uma língua que possibilita aos surdos falar sobre o mundo, sobre significados de forma mais completa e acessível, uma vez que se organiza visualmente. Também se percebe o quanto é prazeroso o uso desta língua conforme enfatizado no trecho a seguir:

> A língua de sinais é a língua em que eu me comunico, diferente da língua falada. Por meio dos sinais consigo pensar sobre as coisas da vida, é uma língua que me faz pensar. Eu quero que todas as crianças surdas tenham a chance de aprender a língua de sinais desde pequenas com outros surdos, porque é uma língua que faz parte do mundo dos surdos, do povo surdo. A língua de sinais possibilita organizar as ideias de um jeito próprio dos surdos que é diferente do ouvinte. [G. 2004]

Nesse trecho, observa-se a contextualização da língua na cultura surda enquanto elemento constituidor da identidade surda.

> Essa cultura é multifacetada, mas apresenta características que são específicas, ela é visual, ela traduz-se de forma visual. As formas de organizar o pensamento e a linguagem transcendem as formas ouvintes. Elas são de outra ordem, uma ordem com base visual, e por isso têm características que podem ser ininteligíveis aos ouvintes.

> Ela se manifesta mediante a coletividade que se constitui a partir dos próprios surdos. A escola há muito tem representado o lugar em que os surdos não possuem os seus espaços, pois baniu a língua de sinais e jamais permitiu a consolidação dos grupos surdos e de suas produções culturais. Assim, a coletividade surda garantiu-se através de movimentos de resistência com a fundação de organizações administradas essencialmente por surdos. Em muitas dessas organizações, ouvintes não são permitidos no corpo administrativo. O que acontece aqui é o clamor pela coletividade surda com a constituição de suas regras e de seus princípios e um confronto de poderes. Nesse espaço com fronteiras delimitadas por surdos é que se constitui a cultura surda. Em alguns casos, até admite-se a existência dessa cultura, mas enquanto cultura subalterna ou minoritária, jamais como cultura diferente. (Quadros, 2003: 86)

Da mesma forma, tais questões reaparecem na narrativa daqueles surdos que falam explicitamente das posições de poder de surdos e ouvintes, sobre cultura surda, sobre identidade surda e a escola de surdos. Segundo Bhabha (2003: 20-21), estas precisam ser colocadas além das discussões que já vêm sendo travadas no campo dos estudos surdos. "Além", aqui, significa distância espacial, marca um progresso, promete um futuro ou o limite – estar além é habitar um espaço intermediário –, residir no além é, ainda, ser parte de um tempo revisionário, "pois é na emergência dos interstícios – a sobreposição e o deslocamento de domínios da diferença – que as experiências intersubjetivas e coletivas de nação, o interesse comunitário ou o valor cultural são negociados".

Ainda seguindo as formulações de Bhabha, de que modo se formam sujeitos nos "entre-lugares", nos excedentes da soma das "partes" da diferença? De que modo chegam a ser formuladas estratégias de representação ou aquisição de poder no interior das pretensões concorrentes de comunidades em que, apesar das histórias comuns de provação e discriminação, o intercâmbio de valores, significados e prioridades pode nem sempre ser colaborativo e dialógico, podendo ser profundamente antagônico, conflituoso e até incomensurável?". O autor segue reflexões que se aplicam às falas dos surdos quanto à invenção da surdez embebida na cultura, mas apenas nas relações culturais apropriadas entre os próprios surdos, não nas relações com os seus outros surdos, deficientes auditivos e ouvintes. "A representação da diferença não deve ser lida apressadamente como o reflexo de traços culturais ou étnicos preestabelecidos, inscritos na lápide fixa da tradição, [...] mas sim uma negociação complexa, em andamento, que procura conferir autoridade aos hibridismos culturais que emergem em momentos de transformação histórica". Instaura-se neste momento, um processo de negociação com menos ou mais embates entre as diferenças.

Nesse sentido, não buscando formular uma cultura enquanto uma essência do ser surdo, este trabalho traz o termo "cultura surda" como instrumento para analisar as nuances que se manifestam entre os surdos com os próprios surdos e nas escolas na relação com os seus alunos surdos e colegas ouvintes. Esses surdos, neste tempo, apresentam uma visão e uma construção cultural imersas em determinadas condições políticas. Assim, "a passagem intersticial entre identificações fixas abre a possibilidade de um hibridismo cultural que acolhe a diferença sem uma hierarquia suposta ou imposta" (Bhabha, 2003: 22). Nas relações com os ouvintes, manifestam-se estratégias de resistência que se expressam nas falas dos surdos. Além disso, nessas relações, o estranhamento deve ser considerado, pois os surdos não poderiam retornar a sua vida sem perceber que tinham aprendido ou reproduzido ideias e modos dos ouvintes que inconscientemente adotaram.

Perlin (1998)[2] analisa alguns pontos a respeito da cultura e identidade surda calcando seus ensaios na questão do ser igual, da proximidade enquanto necessidade da pessoa surda. A autora usa a expressão "óculos surdos", que é, diga-se de passagem, uma expressão especialmente visual, uma expressão "surda". Entende-se cultura surda como a identidade cultural de um grupo de surdos que se define enquanto grupo diferente de outros grupos. A cultura é esse padrão de organização, essas formas características de energia humana que podem ser descobertas como reveladoras de si mesmas – "dentro de identidades e correspondências inesperadas", assim como em "descontinuidades de tipos inesperados" – dentro ou subjacente a todas as demais práticas sociais. A análise de cultura é, portanto, "a tentativa de descobrir a natureza da organização que forma o complexo desses relacionamentos" (Hall, 2003: 136). Como diz

Perlin (1998: 54), "os surdos são surdos em relação à experiência visual e longe da experiência auditiva". A autora prossegue suas reflexões da seguinte forma:

> É uma identidade subordinada com o semelhante surdo, como muitos surdos narram. Ela se parece a um imã para a questão de identidades cruzadas. Esse fato é citado pelos surdos e particularmente sinalizado por uma mulher surda de 25 anos: "aquilo no momento de meu encontro com os outros surdos era o igual que eu queria, tinha a comunicação que eu queria. Aquilo que identificavam eles identificava a mim também e fazia ser eu mesma, igual". O encontro surdo-surdo é essencial para a construção da identidade surda, é como abrir o baú que guarda os adornos que faltam ao personagem. (Perlin, 1998: 54)

Nesse contexto, a língua de sinais é trazida como elemento constituidor dos surdos na relação com outros surdos e na produção de significados a respeito de si, do seu grupo, dos outros e de outros grupos. O encontro surdo-surdo representa, pois, a possibilidade de troca de significados que na língua de sinais, nas políticas, na marcação das diferenças carregam a marca cultural. Assim, o outro igual é aquele que usa a mesma língua e que consegue trilhar alguns caminhos comuns que possibilitam o entendimento sem esforços de outra ordem. O processamento mental é rápido e eficiente, além de abrir possibilidades de troca efetiva e o compartilhar, o significar, o fazer sentido. Os caminhos comuns passam por formas surdas de pensar e significar as coisas, as ideias e os pensamentos necessariamente na língua de sinais.

Ao se referirem à língua de sinais, há uma tendência de compará-la ao português. Nos trechos já destacados, sempre foram feitos comentários expressando de forma explícita ou implícita uma relação com o português. "A língua de sinais é melhor, é mais fácil" e assim por diante. Esses trechos foram retirados de surdos letrados no português, assim o seu estatuto bilíngue lhes permite comparar uma língua com a outra. Além disso, existe uma relação de poder instituída entre as línguas que reforçam a dicotomia língua de sinais e língua portuguesa, neste caso sendo a língua de sinais o primeiro elemento, visto como o melhor, e a língua portuguesa vista negativamente. Posteriormente voltaremos a discutir os significados atribuídos à língua portuguesa nesta perspectiva.

Ladd (2003) situa o momento atual como pós-colonial, em que os surdos passam a ser aqueles que respondem pelas línguas de sinais.

> Como muitas pessoas surdas sabem, há um gênio particular nas línguas (e nos próprios surdos), que por si só, diferente de qualquer língua falada, sofisticou uma comunicação internacional a qual não se baseia em qualquer língua nacional. Quando o seu trabalho entra neste terreno, você começa a encontrar talvez o ponto tolerável da cultura surda – que é um povo. As pessoas surdas precisam saber, por muito tempo quiseram saber, como esta crença é construída, e o que as partes podem constituir. Quanto mais se sabe sobre isso, melhor nós podemos entender a nós mesmos, articular nossas crenças e, quanto mais nós ensinamos a eles, melhor, não somente as crianças surdas e seus merecidos pais. Nós precisamos saber quais são as características gramaticais desse fenômeno linguístico global, mas, também, precisamos explorar o que é único de cada cultura de nossas culturas surdas e como elas operam dialetalmente com outras línguas. Isso é importante, pois nós encontramos um ponto pós-colonial em que estudando e publicando sobre a cultura surda não é somente o próximo passo, mas também possivelmente o final do divisor de águas acadêmico para este movimento específico de liberação. (Ladd, 2003: 7)

Neste momento, também no Brasil, muitos surdos se apropriam da própria língua e fazem um movimento intenso para garantir seus direitos de acesso a ela. Os próprios surdos tomam a frente dos movimentos para reconhecimento legal e reivindicam a presença de intérpretes de língua de sinais em diferentes espaços, incluindo os espaços de negociação com os ouvintes para pensarem e definirem aspectos relacionados com a vida dos surdos. Dessa forma, a autoria surda passa a ser representada em algumas instâncias delineando o período pós-colonialista em relação aos surdos brasileiros. Isso se traduz na presença dos surdos no Ministério da Educação, na restrição do ensino da língua de sinais aos instrutores necessariamente surdos, na articulação dos movimentos surdos, e assim por diante.

INTRODUÇÃO AO ESTUDO DA LIBRAS

Ladd recoloca as prioridades em relação aos estudos das línguas de sinais a partir da perspectiva surda. Os surdos querem entender suas origens, buscar explicações de como se constituiu a sua língua. Como afirma Ladd (2003: 14), se entendemos que um povo se torna descolonializado quando estabelece seus próprios interesses, planeja seu próprio futuro, precisamos nos perguntar quais são as prioridades que estamos apresentando para as nossas investigações. Os surdos querem saber da própria língua no sentido de desvendar a sua constituição no passado e no presente.

> Se os linguistas perguntassem aos surdos como eles gostariam de ver os recursos alocados em pesquisas, a maioria responderia que gostariam de vê-lo alocado "na história das línguas de sinais", bem como, "nas diferenças regionais". Por alguma razão, que não é fácil de ser sintetizada, as pessoas surdas têm a sensação de esses serem tópicos de importância vital. Nós entendemos até o momento que aspectos sintáticos e morfológicos têm requerido prioridade no processo de reestabelecimento das línguas de sinais em direções que podem ser de uso prático para a educação e a interpretação. Mas eu espero que eu tenha demonstrado aqui que estas prioridades estão mudando agora. (Ladd, 2003: 13)

Na entrevista que fizemos a uma candidata surda ao mestrado em Linguística na Universidade Federal de Santa Catarina, perguntamos por que ela estava interessada em estudar a origem dos sinais brasileiros por meio de registros existentes de um conjunto de itens lexicais e por meio de diferentes gerações de surdos. A candidata respondeu:

> É importante guardar a história da língua de sinais brasileira. Eu não quero que ela se perca, mas quero que entendamos como ela se constituiu. Precisamos guardar a história da língua de sinais para poder ensiná-la aos nossos alunos surdos. Eles precisam conhecer como a nossa língua se constituiu. Antes ela era diferente e foi se transformando no que é agora. Os surdos mais velhos têm sinais diferentes e eles estão morrendo. Se não nos preocuparmos em ver agora como eles faziam os sinais, depois será muito mais difícil. Precisamos aproveitar os que estão vivos para nos contar como fazem ou faziam os sinais que mudaram. É importante isso. Eu quero estudar isso para não perder a história da nossa língua. [A. 2005]

A língua de sinais apresenta um valor inestimável para os surdos e para aqueles que crescem na comunidade surda. É uma língua que permite adentrar e participar de um grupo, o grupo de surdos. Isso ultrapassa fronteiras nacionais, como afirma Ladd. Os surdos do mundo inteiro apresentam formas comuns de identificação que são internacionais. Os olhares dos surdos se cruzam independentemente da sua nacionalidade possibilitando o contato, mesmo com línguas de sinais diferentes. Os surdos encontram outros surdos e se identificam: "eu sou surdo de tal lugar". A partir disso, se estabelece uma relação que acontece em uma espécie de língua de sinais internacional e, rapidamente, se aprende a outra língua de sinais incorporando-a em um curto espaço de tempo. A língua de sinais para os surdos é a possibilidade de adentrar e significar o mundo.

Passemos para as representações dos surdos em relação à língua portuguesa.

> Eu escrever português difícil, importante você entender.
> [Mensagem de um surdo, 2022]

Quais os significados da língua portuguesa para os surdos? Para pensar sobre isso, é necessário mencionar que a língua portuguesa sempre representou uma grande tensão entre os surdos e os ouvintes. De modo geral, os professores ouvintes se preocuparam em pensar, pesquisar e elaborar metodologias para garantir o acesso à língua portuguesa por surdos. No entanto, por outro lado, para os surdos as representações do português tomam diferentes formas que não se relacionam com essa importância forçada pelos ouvintes. O povo surdo brasileiro, de certa forma, apresenta algumas identidades dos "povos do pagus – colonizados, pós-colonizados, migrantes, minorias – povos errantes que não serão contidos dentro do Heim da cultura nacional e seu discurso uníssono, mas que são eles mesmos os marcos de uma fronteira móvel, que aliena as fronteiras da nação moderna" (Bhabha, 2003: 231). Sim, fronteira móvel, os surdos pertencem a uma fronteira móvel que não está ligada a um espaço geográfico específico, fixo, independente, mas que está "entre-lugares". O que especifica este povo é a língua de sinais

INTRODUÇÃO AO ESTUDO DA LIBRAS

brasileira, visual-espacial, que é de outra ordem que não a ordem do português, uma língua oral-auditiva. O movimento é de romper com a ordem instituída e as formas colonizadoras de imposição da língua portuguesa sobre os surdos, como a língua da nação. Nação esta imaginada como aquela que fala uma única língua. Assim, esta nação é sonhada pelo outro e não pelos surdos.

Nesse sentido, configurou-se o oralismo e, até mesmo, a comunicação total. Oralismo é uma proposta com ênfase na língua oral por meio de processos terapêuticos de ensino da fala, da leitura labial e treinamento auditivo. Comunicação total, uma proposta educacional que conta com uma filosofia (metodologia) de educação com enfoque na utilização de todas as possibilidades de comunicação com o fim de ensinar a língua falada do país. No processo de colonização, os falantes de português aprenderam alguns sinais para utilizá-los instrumentalmente no ensino do português. No entanto, o que significavam os seus sinais no contexto que se apresentavam? Não era possível identificar a opacidade dos sinais intencionada pelos professores e fonoaudiólogos no processo de inculcação de uma língua. Da mesma forma, ao usar as palavras soltas do objeto ensinado a duras penas, os surdos produziam significados soltos e perdidos nos contextos, tornando o texto mais opaco ainda, "quase" sem sentido. O diálogo então tornara-se impossível, inviável. O "colono surdo", então, evidenciava a sua incapacidade diante do outro justificando, assim, a continuidade deste processo de colonização desumano até os dias de hoje.

Diante desse contexto, levantamos algumas narrativas de surdos ao se referir ao português:

> Eu penso que português é fala, que sempre querem fazer a gente falar esta língua. Português é falar, falar e falar. É oralizar. É leitura labial. [S. 2000]

> Eu nunca aprendi português. Na escola fiquei 18 anos estudando português, mas eu não passava da quarta série. As professoras me ensinaram português por 18 anos e eu não consigo ler uma reportagem de jornal sem dificuldades. Acho que português é muito difícil

mesmo, não tem jeito. Além disso, sempre fui para a sala de fono, sempre me ensinaram a fazer pa, pa, pa, pa. O que aprendi? Nada, nada mesmo. Perdi meu tempo. Agora quero trabalhar, me casar e não aprendi nada na escola [M. 1992].

Eu não quero mais estudar português, a língua de sinais é muito melhor. Eu odeio português. É muito chato, sempre igual. Eu sou contra o português, pois eu aprendi tudo sobre a vida e sobre as coisas na língua de sinais. Em português sempre perdi tempo, não aprendi nada. Eu acho melhor aprender tudo em sinais. Podemos fazer tudo em vídeo. Agora eu comprei uma filmadora, assim filmo tudo em sinais, filmo as palestras, filmo as pessoas falando em sinais sobre as coisas. Muito melhor assim, aprendo sobre tudo. Não preciso do português. [E. 1998]

A língua de sinais é superior à língua portuguesa. Os professores não sabem nada da nossa língua que é muito melhor do que a língua portuguesa. É melhor ter cuidado, pois sempre eles querem nos ensinar português para acabar com a nossa língua, a língua de sinais. Os ouvintes são perigosos. [W. 2003]

Nesses trechos podemos identificar que a língua portuguesa se restringe muitas vezes à "fala", que a fala e a sua escrita são difíceis, inatingíveis, inacessíveis, que português é difícil e, por fim, que português pode representar uma ameaça.

O movimento em relação ao português é de desconstrução para, então, ser possível construir o português do jeito surdo (no sentido de Derrida, 1967). Esse processo de desconstrução é necessário e vem acontecendo por meio de estratégias de resistência. Um movimento contra o "fonologismo" que relaciona a língua com a estrutura na modalidade oral-auditiva. O português está relacionado com a fala, mesmo quando se imprime na escrita. Se o império do "fonologismo" reina na "colônia" surda, o português sempre será uma ameaça real. Desconstruir essa relação depende da desconstrução do que se acredita ser língua, do que se traduz como língua e linguagem entre os homens, mulheres e crianças brasileiras. A língua de sinais brasileira desconstrói o "fonologismo", pois é uma forma de manifestação linguística que rompe com o oral-auditivo e se traduz no visual-espacial. Este movimento é observado em uma configuração social e cultural pós-colonial com idas e vindas, com hibridismos e traduções desencontradas entre os próprios surdos e, também, entre os ouvintes. Os povos surdos já se situam em um discurso pós-colonial, mas reproduzem aspectos de suas relações com o colonizador dentro de seu sistema de organização. A língua portuguesa, às vezes, é traduzida como superior, mais importante, mais completa do que a língua de sinais brasileira, mas de forma sutil.

> Ele é inteligente, ele sabe ler e escrever muito bem português. [A. 2005]
> (Trecho de narrativa de um sujeito surdo ao se referir a um outro surdo).

Na ideia do colonizador, a primazia da fala é observada com um trunfo para a ascensão social e cultural tanto do surdo como do ouvinte. O império "fonologista" reina entre surdos e ouvintes permeando as relações na educação de surdos.

Além disso, o processo de colonização é cruel, pois deixa marcas no corpo e na alma dos colonizados. Os surdos, ao terem seus filhos, evidenciam o conflito da estrangeiridade.

> Eu sou casada com um homem surdo. Nós dois tivemos nosso primeiro filho. Primeiro, ficamos preocupados se ele seria surdo ou ouvinte. Ao sabermos que ele era ouvinte, logo pensamos que deveríamos conversar com ele em português. Eu oralizava, mas minha sogra disse que ele precisava ouvir português de verdade, correto, para o bem dele. Eu também achei que ele precisava aprender português. Assim, colocamos o nosso filhinho na creche. Lá eu sabia que ele estava aprendendo português. Agora, ele sabe pouco a língua de sinais, parece que tem vergonha. [M.C. 2003]

Nesta narrativa, percebemos o que Bhabha menciona como perda: "[...] o objeto da perda é escrito nos corpos do povo, à medida em que ele se repete no silêncio que fala a estrangeiridade da língua. [...] Se o desejo de imigrantes de 'imitar' a língua produz um vazio na articulação do espaço social – tornando presente a opacidade da linguagem, seu resíduo intraduzível –, então a fantasia racista, que recusa a ambivalência de seu desejo, abre um outro vazio no presente" (Bhabha, 2003: 233).

O audismo se traduz e se produz no próprio filho, que por ouvir se torna o outro. Para ele, por sua vez, os pais surdos tornam-se estrangeiros. O vazio instaurado provoca sentimento de negação da diferença, negação da língua de sinais. Ao mesmo tempo, a ambivalência existe e se traduz nas relações pós-coloniais.

O fato de haver movimentos de resistência em meio aos processos de colonização é observado em narrativas com diferentes nuances, já com outras perspectivas.

> Quando tivemos nosso primeiro filho, ele era ouvinte. Logo pensamos que seria bom, pois ele poderia interpretar para o português as coisas para nós. Ao mesmo tempo, ficamos preocupados que ele pudesse ter vergonha da gente e que precisava aprender bem o português. Deixamos ele ficar mais tempo com os avós, pois eles também pensavam que nós não poderíamos ensinar nosso filho a falar. Depois, quando tivemos nosso segundo filho foi tudo diferente. Já sabíamos que a língua de sinais era uma língua tão perfeita que queríamos ensiná-la ao nosso filho, queríamos ensiná-lo sobre nossa cultura, sobre nossa história. Agora vemos nossos filhos e vemos que erramos com nosso primeiro. Ele tem vergonha de nós e não usa a língua de sinais, já o segundo tem orgulho e sabe super bem a nossa língua. Ele também sabe o português. [E. 2004].

O português passa a ocupar outro espaço na vida da criança filha ouvinte de pais surdos. Ela cresce bilíngue, sem que isso seja um problema nesta sociedade que dá primazia ao português. A língua de sinais é motivo de orgulho para o povo surdo, o que reflete na educação das novas gerações, mas isso somente passa a ser possível ao ser desconstruído o "centrismo" da fala.

Nestes movimentos, observa-se a ameaça "real" de que alguns surdos procuram se proteger: a ameaça do português sobre a língua de sinais. Por anos e anos, a língua de sinais ficou submetida ao centrismo do português. A língua de sinais brasileira não era considerada língua, mas, sim gestos, menos válidos, menos língua, menos tudo ou absolutamente nada diante da primazia do português.

As relações, portanto, são muito mais complexas do que uma simples ressignificação do ser bilíngue tendo uma língua como sua primeira e a outra como sua segunda língua. As relações de poder instauradas entre o colonizador e o colonizado em um momento pós-colonialista refletem um espaço de instabilidade e de fronteiras flutuantes que exigem constante vigilância.

Ao longo dos anos, no entanto, vemos avanços em relação ao *status* da Libras. As ações decorrentes do Decreto 5.626/2005 que regulamentam a Lei de Libras 10.436/2002 impactaram nas atitudes linguísticas em relação à Libras. O português continua apresentando *status* mais reconhecido nos espaços públicos, especialmente, na educação. No entanto, há avanços em relação ao reconhecimento da Libras. Os próprios surdos sentem-se mais seguros em relação à Libras no atual cenário brasileiro. Quadros et al. (2018) verificaram que os surdos assumem sua língua e reconhecem que as atitudes frente a sua condição bilíngue melhoraram muito. Eles se reconhecem bilíngues na Libras e no português, mas deixam claro que a Libras é a base da comunicação e o português serve para acessarem a leitura e as informações escritas. Reconhecem que utilizam o português para se comunicarem, especialmente em mensagens no celular, apesar de preferirem postar vídeos via Whatsapp para interagirem uns com os outros.

> Eu sou bilíngue, Libras e português. Português é diferente da Libras, mas é importante para ler, é importante porque me dá acesso à informação que está escrita na internet, nas redes sociais. Português me ajuda, mas Libras é minha alma. [M.S., 2002]

A educação bilíngue de/para surdos

Como a língua de sinais é uma das experiências visuais mais intimamente ligadas à identificação dos grupos surdos, sempre foi e ainda é alvo de manifestação de tensão entre os grupos envolvidos, evidenciando a delimitação de fronteiras. Isso se reflete diretamente na educação.

Historicamente vemos que a educação de surdos esteve voltada para as questões linguísticas. No caso do Brasil, a educação de surdos está permeada pela discussão do ensino do português (oral e/ou escrito) e o uso da língua de sinais. Obviamente que tais discussões estão contextualizadas política, cultural e socialmente.

Há várias experiências de educação bilíngue, no entanto, as diferentes experiências continuam reproduzindo um modelo de reparação e de tratamento da pessoa surda (Quadros, 1997; Skliar 1997, 1998). A língua de sinais é utilizada como meio para ensinar a língua portuguesa e não enquanto razão que se justifica por si só: direito da pessoa surda de usar a sua língua, uma língua que traduz a experiência visual. As representações que tratam a língua enquanto um sistema mais rudimentar chamado de "gestos" fazem parte de várias experiências educacionais. Perpassam assim, todos os estereótipos de inferioridade, de falta, de impossibilidade, utilizando a língua visual-espacial apenas como um recurso a mais, mas jamais a reconhecendo em sua completude linguística. Apesar desta visão ainda persistir em alguns espaços, vemos um avanço considerável no reconhecimento da Libras como língua, especialmente após a Lei de Libras, n. 10.436/2002, que oficialmente passou a reconhecer esta língua como língua nacional usada pelas comunidades surdas brasileiras. Com a Lei de Libras e o Decreto 5.626/2005 que incluiu uma espécie de planejamento para a implementação da Lei de Libras, contamos com várias ações que impactaram no *status* da Libras, entre elas a formação de professores de Libras e pedagogos bilíngues. Tais ações têm tido desdobramentos na educação de surdos (Lima, 2018).

Uma educação bilíngue implica na utilização de duas línguas em espaços comuns e diferentes dentro da escola, garantindo o agrupamento de surdos. As implicações do reconhecimento do direito linguístico dos surdos de terem acesso à sua língua são pelo menos as seguintes:

a. a aquisição da linguagem;
b. a língua enquanto um instrumento formal de ensino da língua nativa (ou seja, alfabetização, disciplinas de língua de sinais como parte do currículo da formação de pessoas surdas);

c. a língua enquanto meio e fim da interação social, cultural, política e científica;

d. a língua como parte da constituição do sujeito, a significação de si e o reconhecimento da própria imagem diante das relações sociais (no sentido de Vygotsky, 1978);

e. a língua portuguesa como uma segunda língua (alfabetização e letramento).

f. o reconhecimento das diferentes funções linguísticas e sociais das línguas implicadas na educação de surdos.

Interessante observar que, nas experiências mais avançadas relatadas pelas escolas que atendem surdos, a resistência que ainda persiste em relação à língua de sinais está relacionada com a interação científica. Os profissionais não acreditam que através da língua de sinais seja, de fato, possível discutir os avanços científicos e tecnológicos que cabem à escola trabalhar. Assim, delega-se à escrita o papel de assumir tal função. Mais uma vez, perpassa-se a sobreposição do português (língua da maioria) à língua de sinais, como aconteceu ao longo da história da educação de surdos (ver Fischer e Lane, 1993). No entanto, essa situação reflete muito mais uma realidade relacionada com o ensino da língua portuguesa no ensino regular, que não deixa de ser fracassado da mesma forma, observando-se, é claro, suas peculiaridades. O ensino da língua portuguesa enquanto língua materna enfatiza a escrita, muitas vezes negligenciando-se o papel fundamental da língua falada e da própria leitura (Cagliari, 2009; Bagno, 1997). Passam-se anos e anos ensinando-se normas para se escrever bem, mas não se fala da língua, sobre a língua e de todas as possibilidades que a língua apresenta na vida das pessoas. Não se instiga o aluno a manipular a língua enquanto instrumento de saber-poder das relações sociais. Essa preocupação com uma visão mais ampla do ensino de língua materna tem sido debatida entre os professores e pesquisadores no sentido de avançar sobre as formas de ensiná-la (Cagliari, 2009; Soares, 2011; Parisotto e Rinaldi, 2016). Como a educação de surdos prioriza da mesma forma o ensino da escrita utilizando todas as propostas de ensino do português da educação regular, obviamente o fracasso também é observado. Agrava-se o fracasso dos alunos surdos, tendo em vista que essa escrita nem sequer relaciona-se com a língua de sinais, mas sim com uma língua que a ele é inacessível (situação comumente observada especialmente em classes regulares de ensino), quando as bocas se mexem por turnos inteiros de aula, sem sentido algum. Algumas vezes, disponibiliza-se intérpretes de línguas de sinais, mas mesmo assim o conteúdo está organizado para os alunos que contam com o português como língua materna e não como uma segunda língua que se apresenta em uma modalidade diferente da língua de sinais.

Ao longo da história da educação de surdos no Brasil sempre houve uma preocupação exacerbada com o desenvolvimento da linguagem. As propostas pedagógicas sempre foram calcadas na questão da linguagem. Essa preocupação, não menos importante que quaisquer outras na área da educação, tornou-se quase que exclusiva, perdendo-se de vista o processo educacional integral da criança surda. Há várias razões para tal fato, dentre elas, o fato de as crianças serem surdas tornava fundamental a discussão sobre o processo de aquisição da linguagem, tendo em vista que tal processo era traduzido por línguas orais-auditivas. As crianças surdas dotadas das capacidades mentais precisavam recuperar o desenvolvimento da linguagem e por essa razão, até os dias de hoje, há pesquisas que procuram um meio de garantir o desenvolvimento da linguagem em crianças surdas através de métodos de oralização. "Fazer o surdo falar e ler os lábios permitirá o acesso à linguagem", frase repetida ao longo da história e que tem garantido o desenvolvimento de técnicas e metodologia altamente especializadas.

Entretanto, apesar de todo esse empenho, os resultados que advêm de tal esforço não apresentam muitos resultados positivos. A maior parte dos adultos surdos brasileiros demonstram o fracasso na escrita do português, apesar das inúmeras tentativas para o seu ensino. Todos os profissionais envolvidos na educação de surdos que conhecem surdos adultos admitem o fracasso do ensino da língua portuguesa, não somente enquanto língua usada para a expressão escrita, mas, principalmente, enquanto língua que permite o desenvolvimento da linguagem. Quando o curso de Letras-Libras foi criado em 2006, na Universidade Federal de Santa

Catarina, em torno de 90% dos alunos eram surdos. Um dos princípios do curso era que o português não poderia ser fator de exclusão dos alunos surdos. Desta forma, todo o curso foi organizado em Libras. Como era um curso com o compromisso de formar professores em Libras, não havia um compromisso com a língua portuguesa. Assim, foi observado que os alunos passaram a ter uma relação com o português que favoreceu aprendê-lo em função de demandas acadêmicas independentes das avaliações, que também eram feitas em Libras. O simples fato de tirar a pressão do português no ensino e nas avaliações foi suficiente para que os próprios alunos sentissem-se à vontade para se apropriar desta língua.

Muitos desses adultos surdos buscam inconscientemente "salvar/resgatar" o seu processo de aquisição da linguagem através da Libras. A raça humana privilegia tanto a questão da linguagem, isto é, a linguagem é tão essencial ao ser humano que, apesar de todos os empecilhos que possam surgir para o estabelecimento de relações através dela, os seres humanos buscam formas de satisfazer tal natureza por meio da interação com seus pares. Os adolescentes, os adultos surdos, logo quando se tornam mais independentes da escola e da família, buscam relações com outros surdos através da língua de sinais. No Brasil, as associações de surdos brasileiras foram sendo criadas e tornando-se espaço de "bate-papo" e lazer em sinais para os surdos, enquanto as escolas especiais "oralizavam" ou as escolas "integravam" crianças surdas nas escolas regulares de ensino. Percebe-se, aqui, um movimento de resistência por parte dos surdos a um processo social, político e linguístico que privilegiou o parâmetro do normal. Os surdos buscam através da língua a constituição da subjetividade com identidade surda em que o reconhecimento da própria imagem acontece através das relações sociais entre surdos, determinando a significação do próprio eu. Portanto, a aquisição da linguagem é fundamental para que o sujeito surdo se reescreva através da interação social, cultural, política e científica.

A aquisição da linguagem em crianças surdas deve acontecer através de uma língua visual-espacial. Isso independe de propostas pedagógicas (desenvolvimento da cidadania, alfabetização, aquisição do português, aquisição de conhecimentos etc.), pois é algo que deve ser pressuposto. Diante do fato das crianças surdas virem para a escola sem uma língua adquirida, a escola precisa estar atenta a programas que garantam o acesso à língua de sinais brasileira mediante a interação social e cultural com pessoas surdas. O processo educacional ocorre mediante interação linguística e deve ocorrer, portanto, na Libras. Se a criança chega na escola supostamente sem linguagem, é fundamental que o trabalho seja direcionado para a retomada do processo de aquisição através de uma língua visual-espacial. A aquisição da linguagem é essencial, pois através dela, mediante as relações sociais, se constituirá os modos de ser e de agir, ou seja, a constituição do sujeito. Como mencionado por Góes (2000: 31), "a produção de significados em relação ao mundo da cultura e a si próprio é um processo necessariamente mediado pelo outro, é efeito das relações sociais vivenciadas" através da linguagem.

Nesse sentido, o currículo deveria estar organizado partindo de uma perspectiva visual-espacial para garantir o acesso a todos os conteúdos escolares na própria língua da criança, pois a língua oficial da escola precisaria ser, desde o princípio, a Libras, garantida também por meio da interação com outros surdos, colegas surdas e professores surdos. É a proposição da inversão, assim está-se reconhecendo a diferença. A base de todo processo educacional é consolidada através das interações sociais. A língua passa a ser, então, o instrumento que traduz todas as relações e intenções do processo. Os discursos em uma determinada língua passam a ser organizados e, também, determinados pela língua utilizada como a língua de instrução. Ao expressar um pensamento em língua de sinais, o discurso utiliza uma dimensão visual que não é captada por uma língua oral-auditiva, e, da mesma forma, o oposto é verdadeiro. Além desse nível de representação linguística, os discursos vão expressar relações de poder. Ao optar-se em manter a língua portuguesa como a língua referencial da educação de surdos, já se tem indício das intenções perpassadas em função dos efeitos sociais que se observam. Assim, prestar atenção nos interlocutores dos alunos surdos também passa a apresentar papel crucial, pois os discursos reproduzidos nas línguas utilizadas representam as relações existentes na escola.

Na linha de análise de Góes (2000), é interessante mencionar a problematização a respeito da constituição da subjetividade/identidade surda ao analisar os casos de alunos surdos adquirindo a língua de sinais com pessoas ouvintes (casos típicos em escolas especiais e escolas regulares onde há uma preocupação com a língua de sinais). A autora aponta que esse processo é constituído de forma cruzada, híbrida, em que a língua de sinais é misturada com o português.

> [...] Os interlocutores ouvintes apresentam grande heterogeneidade na capacidade de usar a língua de sinais, mas geralmente constroem, nos diálogos, formas híbridas de linguagem, compostas de elementos das duas línguas, em enunciados subordinados às regras da língua majoritária, além de se apoiarem em vários recursos gestuais. Ocorre, então, uma certa diluição dos sinais numa gestalt de realizações linguísticas, que interfere na aquisição em processo e na compreensão de que se trata de uma língua, distinta da língua oral. (Góes, 2000: 41-42)

Assim sendo, a atenção ao processo de aquisição da linguagem requer também a observância dos interlocutores que a criança surda terá ao interagir na língua de sinais. Quando se reflete sobre a língua que a criança surda usa, a Libras, e o contexto escolar, também se pensa em letramento. As crianças surdas têm sido alfabetizadas através de um processo similar às crianças ouvintes que dispõem do português como língua materna (ver relatos de surdos em Quadros et al., 2018). Os professores desconhecem a experiência visual surda e suas formas de pensamento que são expressas através de uma língua visual-espacial: a língua de sinais. Vimos até aqui que as crianças surdas adquirem a linguagem passando pelos mesmos processos observados na aquisição de crianças ouvintes de uma língua falada. Em relação à aquisição da leitura e escrita, as crianças passam pelos diferentes níveis desse processo mediante interação com a escrita, construindo hipóteses e estabelecendo relações de significação que parecem ser comuns a todas as crianças (Ferreiro e Teberosky, 1985). Esse mesmo processo deve acontecer com as crianças surdas. Entretanto, elas devem estabelecer visualmente relações de significação com a escrita.

Considerando a escrita de sinais, pesquisas que analisam a aquisição de uma segunda língua escrita alfabética em alunos alfabetizados em uma escrita ideográfica teriam que ser consideradas em estudos futuros em relação ao processo de alfabetização de surdos no português. Usamos letramento na concepção utilizada por Soares (2001: 18):

letramento é o resultado da ação de ensinar ou de aprender a ler e escrever: o estado ou a condição que adquire um grupo social ou um indivíduo como consequência de ter-se apropriado da escrita. O termo letramento está relacionado, então, à habilidade em usar diferentes tipos de textos escritos, compreendê-los, interpretá-los e extrair informações deles. Por outro lado, o termo clássico 'alfabetização' limita-se ao domínio da leitura e escrita e é o termo utilizado para referir à aprendizagem da leitura e escrita na série inicial.

A escrita da língua de sinais capta as relações que a criança estabelece com essa língua. Se as crianças tivessem acesso a essa forma escrita para construir suas hipóteses a respeito da escrita, a alfabetização seria uma consequência do processo. A partir disso, poder-se-ia garantir o letramento do aluno ao longo do processo educacional.

A partir dos vários estudos sobre o estatuto de diferentes línguas de sinais e seu processo de aquisição, muitos autores passaram a investigar o processo de aquisição por alunos surdos de uma língua escrita que representa a modalidade oral-auditiva (Ahlgren, 1994; Ferreira-Brito, 1995 [2010]; Quadros, 1997; entre outros). A aquisição do sueco, do inglês, do espanhol, do português por alunos surdos é analisada como a aquisição de uma segunda língua. Esses educadores e pesquisadores pressupõem a aquisição da língua de sinais como aquisição da primeira língua e propõem a aquisição da escrita da língua oral-auditiva como aquisição de uma segunda língua. O impacto disso é muito mais significativo do que se imagina. O fato de a língua falada passar a ter uma representação secundária representa também uma inversão. Nesse sentido, capta-se uma das diferenças essenciais do ser surdo.

Um projeto pedagógico de educação bilíngue de e para surdos deve considerar, entre outras questões fundamentais, essas implicações linguísticas. Considerando o contexto de inclusão em escolas regulares de ensino, surge uma série de problemas na educação de surdos. O primeiro grande entrave é a questão da linguagem: como a escola regular vai garantir o processo de aquisição da linguagem através da língua de sinais brasileira? A partir dessa questão surgem tantas outras. Quem serão os interlocutores das crianças surdas na escola comum? Como a escola vai garantir o acesso aos conhecimentos escolares na língua de sinais brasileira em instituições que utilizam o português como língua oficial? Como a escola regular de ensino vai garantir ao aluno surdo o seu processo de alfabetização na escrita da língua de sinais brasileira? Como será a ele garantido o acesso ao português com estratégias de ensino baseadas na aquisição de segunda língua? A Lei de Diretrizes e Bases da Educação (LDB) do Brasil incorporou a educação bilíngue de e para surdos em 2021, assim parte-se para a implementação desta educação.

Os estudos sobre as línguas de sinais trazem a inauguração de um novo olhar sobre o estatuto destas línguas a partir dos efeitos de modalidade: a língua é visual-espacial, diferentemente de uma língua oral-auditiva. Pensar sobre todos esses aspectos e as suas consequências dentro da sala de aula implica em reestruturação curricular. Depois de discutir tais aspectos com os professores de alunos surdos e professores de Libras, começamos a pensar nas práticas educativas. As propostas curriculares de ensino de português de 2021 e de ensino de Libras de 2022 podem servir de referência inicial para a instauração de revisões curriculares dentro dos projetos pedagógicos educacionais de escolas brasileiras que se propõem a implementar a educação bilíngue de e para surdos.

Assim, a seguir, vamos listar algumas proposições básicas que envolvem as línguas no espaço escolar, contempladas também nas atuais propostas curriculares de ensino de língua portuguesa e de ensino da Libras no contexto da educação bilíngue (Ministério da Educação, 2021; Stumpf e Linhares, 2021).

ALGUMAS SUGESTÕES DE PRÁTICAS PEDAGÓGICAS VISUAIS

Alguns dos objetivos a serem considerados ao se propor atividades na educação de surdos envolvem os aspectos culturais, aspectos específicos da organização da Libras essencialmente visuais e algumas características específicas dos textos escritos na língua portuguesa escrita:

1. Oportunizar a internalização das culturas e identidades surdas através da aquisição da Libras a partir do encontro surdo-surdo.
2. Propiciar o desenvolvimento da estrutura gramatical da Libras.
3. Propiciar o acesso às diferentes funções e usos da Libras: informacional, poético e diferentes tipos de narrativas surdas.
4. Descobrir a textualidade nas produções em sinais.
5. Desvendar a textualidade nas produções escritas em português (ver proposta curricular do Ministério da Educação de ensino de português para surdos lançada em 2021).

Em relação à aquisição da linguagem e à internalização das culturas e identidades surdas, torna-se fundamental o desenvolvimento de atividades com a presença de interlocutores surdos (professores e colegas). Mesmo havendo professores bilíngues ouvintes, torna-se fundamental criar espaços de interação com professores surdos. A presença de surdos contribui diretamente para a compreensão de ser surdo em uma sociedade eminentemente ouvinte. A língua resulta das interações com outros pares que a utilizam efetivamente. Além das questões mais sociais e culturais implicadas nas interações, há os aspectos formais que envolvem o ensino da língua de sinais, assim como aspectos que envolvem as funções e diferentes usos da língua. Por fim, a língua pode ser usada para compor arte. A seguir listamos atividades que podem ser realizadas para contemplar tais aspectos.

I) Aquisição da linguagem e internalização das culturas e identidades surdas
- atividades de rotina em sinais;
- brincadeiras e jogos em sinais;
- realização de experiências em sinais;
- hora do conto em sinais;
- passeios conduzidos por adultos surdos;
- atividades diversas com as comunidades surdas locais;
- minipalestras dadas por outras pessoas surdas das comunidades locais ou de outras comunidades nacionais e internacionais.

INTRODUÇÃO AO ESTUDO DA LIBRAS

II) Acesso aos aspectos formais da língua de sinais brasileira de forma implícita (mais tarde, de forma explícita)

1. Fonologia:
   - configurações de mãos;
   - alfabeto manual;
   - uso de uma mão;
   - uso de ambas as mãos com a mesma configuração;
   - uso de ambas as mãos com configurações diferentes;
   - uso de movimentos simétricos, uso de movimentos alternados;
   - exploração dos pontos de articulação dentro do espaço de sinalização.

2. Morfologia:
   - marcação de plural;
   - de intensidade;
   - de modo;
   - de tempo;
   - de forma;
   - de tamanho;
   - classificadores;
   - incorporação de negação.

3. Sintaxe:
   - exploração do uso do espaço (organização de objetos e referentes presentes e não presentes);
   - uso da marcação de concordância nos verbos com concordância;
   - uso dos elementos necessários para marcação de concordância com verbos sem concordância (auxiliar, ordem linear, topicalização, foco);
   - uso de estruturas complexas (interrogativas, relativas e condicionais);
   - uso de topicalização;
   - uso de estruturas com foco;
   - uso de marcação não manual gramatical para realização de concordância, interrogativas-Q e sim/não, negação, topicalização e foco.

4. Semântica:
   - Emprego de relações de significado no nível lexical (antonímia, sinonímia, homonímia, polissemia etc.);
   - Exploração dos aspectos relacionados ao significado da sentença (significado da estrutura, ambiguidade, pressuposições etc.).
5. Pragmática:
   - Exploração de implicaturas;
   - Figuras de linguagem;
   - Formas de linguagem de polidez.

III) Acesso às diferentes funções e usos da linguagem
   1. conversação com diferentes pessoas da comunidade com níveis diferenciados de formação;
   2. exploração de jogos dramáticos;
   3. acesso a minipalestras, a aulas em vídeo, a jornais televisionados etc.;
   4. exploração de relato de histórias;
   5. hora do conto;
   6. poesias;
   7. momentos de conversa sobre fatos históricos da comunidade surda e da sociedade brasileira.

IV) Explorando a arte da língua de sinais
   1. Produzir histórias usando o alfabeto manual;
   2. Produzir histórias usando os números;
   3. Produzir histórias usando configurações de mãos específicas;
   4. Produzir histórias sobre pessoas surdas;
   5. Produzir histórias sobre pessoas ouvintes;
   6. Produzir histórias com pessoas surdas no mundo dos ouvintes;
   7. Produzir histórias com pessoas ouvintes no mundo dos surdos;
   8. Relatar histórias, contos e fábulas explorando os jogos de posições do corpo e direção dos olhos para estabelecimento de personagens.

Estas possibilidades em relação ao ensino da Libras podem ser acessadas em detalhes na proposta curricular de ensino de Libras como primeira língua, publicada por Stumpf e Linhares (2021). Quanto ao ensino do português como segunda língua, vejam a proposta curricular do Ministério da Educação (2021) e também outras publicações com proposições metodológicas e curriculares (Quadros e Schmiedt, 2006; Albres e Saruta, 2012; Prefeitura Municipal do Rio Grande, 2020).

As proposições instigam novos olhares diante das redes que se formam entre os diferentes campos de investigações. Pensar em diferentes formas de ensinar e aprender considerando diferentes formas de se pensar, de se expressar e de ver o outro nos redimensiona e nos provoca no sentido de busca e de encontro. Os efeitos de modalidade provocam novos olhares sobre a pedagogia. As línguas de sinais nos contextos em que são usadas pelas pessoas surdas apresentam diferentes vieses de uma possível pedagogia, a pedagogia visual. Podemos brincar, podemos ler, podemos sentir, podemos perceber o mundo, podemos aprender, podemos ensinar através do visual que organiza todos os olhares de forma não auditiva.

> Considerando que a cultura surda mostra uma nostalgia curiosa em relação a uma "comunidade imaginária" e que é barbaramente ou profundamente transformada, senão destruída no contato com a cultura hegemônica, ela age como reguladora da formação da identidade surda, que se reaviva novamente no *encontro surdo-surdo*. Este encontro é um elemento chave para o modo de produção cultural ou de identidade, pois implica um impacto na "vida interior", e lembra da centralidade da cultura na construção da subjetividade do sujeito surdo e a construção da identidade como pessoa e como agente pessoal. (Miranda, 2001)

A educação bilíngue é uma forma de reconhecer o bilinguismo intrínseco aos surdos que crescem em comunidades surdas e ouvintes. As línguas irão permear a vida dos surdos e a apropriação delas permite a eles participarem ativamente da sociedade. Garantindo-se a educação bilíngue já prevista na Lei de Diretrizes e Bases desde 2021, projetos pedagógicos bilíngues em escolas bilíngues serão viabilizados.

Reflexões finais

Este livro resulta de uma relação acadêmica entre os autores – Ronice Müller de Quadros, da Universidade Federal de Santa Catarina, Rodrigo Nogueira Machado, da Universidade Federal do Ceará, e Jair Barbosa da Silva, da Universidade Federal de Alagoas. Rodrigo foi orientando de mestrado de Ronice e, posteriormente, orientando de doutorado de Jair. A relação entre os três foi aprofundada academicamente por meio de pesquisas em parceria que foram desdobradas a partir do Inventário Nacional de Libras, que constitui o *Corpus* de Libras. Após a constituição do projeto do Inventário por meio do piloto realizado no estado de Santa Catarina e estabelecido pela Universidade Federal de Santa Catarina, o projeto foi replicado em Alagoas, sob a liderança de Jair e, na sequência, no Ceará, sob a coordenação de Rodrigo. Com base nos dados desses projetos está sendo estabelecida a *Gramática da Libras* (Quadros et al. 2021; Quadros et al. 2023). Os três colegas integram uma pesquisa colaborativa sobre estudos a partir do *Corpus* de Libras, no âmbito do Inventário Nacional de Libras, que estuda, entre outros aspectos, unidades oracionais complexas de quatro estados brasileiros: SC, AL, CE e TO.

O presente livro é um desdobramento das pesquisas realizadas pelos autores debruçados sobre os dados do Inventário. Ao mesmo tempo, os autores pensaram nos alunos de graduação dos cursos de Letras-Libras que necessitam de referências no campo dos estudos linguísticos da Libras. Assim, o material foi cuidadosamente idealizado para abarcar questões e análises mais teóricas nos diferentes campos da Linguística que servem de base de formação destes futuros profissionais, assim como de questões mais aplicadas, que compreendem as práticas Linguísticas impressas por meio do ensino e da tradução e interpretação de Libras e língua portuguesa.

Notas

ESTUDOS GRAMATICAIS DAS LÍNGUAS DE SINAIS (pp. 11-22)

[1] "The most important thing I want to stress is that ASL is a language. Of course, it seems completely different from familiar languages such as English, Russian, and Japanese. Its means of transmission is not through the speaker´s vocal tract creating acoustic signals that are detected by the addressee´s ears. Rather, the speaker´s gestures create signals detected by the addressee´s visual system. [...] The peripheral system is different, but the inner workings are exactly the same."

[2] Ferreira-Brito (1995) é o mesmo livro que foi republicado posteriormente com a referência Ferreira (2010). Mantemos a referência de 1995, em função do histórico das primeiras publicações sobre a Libras.

[3] Este trabalho foi possível parcialmente pelos recursos do Conselho Nacional de Desenvolvimento Científico e Tecnológico (CNPq;# 440337/2017-8), assim como parcialmente por recursos do Instituto do Patrimônio Histórico e Artístico Nacional (Iphan), do Ministério da Cultura, em parceria com o Instituto de Políticas Linguísticas (Ipol).

FONÉTICA E FONOLOGIA (pp. 23-46)

[1] Os números colocados nas glosas 1AJUDAR2 e 2AJUDAR1 são marcações referentes à concordância: 1 – primeira pessoa; 2 – segunda pessoa. Assim, 1AJUDAR2 significa '*eu ajudo você*' e 2AJUDAR1, '*você me ajuda*'.

[2] Xavier e Silva (2023) apresentam a fonética e fonologia da Libras com exemplos retirados do *Corpus* de Libras, Inventário Nacional da Libras, associados aos vídeos.

[3] Os números que aparecem ao lado das glosas significam que há formas variantes dos sinais. Assim, TRABALHAR-1, TRABALHAR-2 etc. constituem casos de variação linguística.

MORFOLOGIA (pp. 47-78)

[1] É importante entender que cada vertente da ciência está vinculada a certos princípios ideológicos e epistemológicos, e seus proponentes não podem fugir disso por uma questão de coerência teórica. Embora na escola gerativo-transformacional houvesse lugar de destaque para a Fonologia e para a Sintaxe, mais tarde, com o gerativismo, é levada para o centro da teoria importante conceito: competência lexical. Isso implica considerar como o falante nativo opera com o léxico da língua, com suas regras, portanto, com a morfologia.

[2] Importante destacar que o trabalho do autor tinha como foco as línguas orais. A primeira edição, publicada em francês, sob o título de Éléments de linguistique générale, é de 1960, ano em que as línguas de sinais eram pouco estudadas e pouco conhecidas da Linguística.

[3] É importante entender que AMOR, como posto no texto, não é a Libras, mas uma representação, por meio de glosa, o que pode levar o leitor a uma interpretação equivocada, baseada na língua portuguesa, de que ADORAR não pode ser uma derivação de AMOR, por terem bases lexicais diferentes. Não é o caso em Libras.

[4] Cf. capítulo "Aspectos sociolinguísticos" neste livro e a tese de Machado (2022).

[5] Destaque-se que na língua em uso nem sempre essas distinções formais são observadas, sendo o contexto sintático mais importante para a distinção entre nomes e verbos. Johnston e Schembri (2007) fazem esta ressalva para a língua australiana de sinais.

[6] No banco de dissertações de teses da Capes há pelo menos 23 produções acadêmicas (dissertações (18) e teses (5)) que versam sobre a morfologia da Libras. Disponível em: https://catalogodeteses.capes.gov.br/catalogo-teses/#!/. Acesso em: 11 jun. 2024.

SEMÂNTICA (pp. 107-132)

[1] É importante ressaltar aqui duas coisas: primeiro, que inexiste sinônimo perfeito, ou seja, que um termo pode substituir outro de modo a não haver, em alguma medida, mudança de significado; segundo, que, discursivamente, os termos *idoso* e *velho* denotam significados bastante diversos, sendo o termo *velho*, por vezes, carregado de aspectos negativos, dentre eles o etarismo, o preconceito e a discriminação que se tem para com pessoas cuja idade é avançada aos olhos e julgamento do discriminador.

[2] Língua de sinais falada no interior do Piauí, na comunidade Várzea Queimada (ou simplesmente Várzea), povoado localizado a cerca de 372 km de Teresina e cujo município mais próximo é Jaicós.

[3] Sinal de um surdo de referência, liderança das comunidades surdas do Brasil, Antônio Campos de Abreu.

ASPECTOS SOCIOLINGUÍSTICOS (pp. 153-180)

[1] No mundo, de acordo com o compêndio *Ethnologue*, considerado o maior inventário de línguas do mundo, existem em média 7.164, das quais as línguas de sinais fazem parte. Disponível em: https://www.ethnologue.com/subgroup/2/. Acesso em: 15 mar. 2024.

[2] A língua de sinais Urubu-Kaapor é utilizada pela etnia indígena dos kaapor, localizada na floresta amazônica, no estado do Maranhão, na região Norte-Nordeste do Brasil.

[3] Discussão sobre três variedades apresentada por Woodward (1996) e Nonaka (2004), citados por Quadros e Leite (2013), sendo elas: as línguas de sinais nacionais, que desfrutam de algum reconhecimento e/ou políticas linguísticas que as colocam como língua oficial da comunidade surda de seus respectivos países; as línguas de sinais nativas, faladas em pequenas comunidades pouco ou nada urbanizadas, em geral distantes dos grandes centros, que apresentam grande incidência de surdez; e as línguas de sinais originais, também faladas por pequenas comunidades de surdos previamente à instituição de uma língua de sinais nacional no país.

[4] O curso de Letras-Libras, nas modalidades de licenciatura e bacharelado, transformou a Universidade Federal de Santa Catarina em um centro de referência na área de Libras, tendo sido o primeiro curso de

NOTAS

Letras-Libras do país. Inicialmente, foi instituído o curso de licenciatura em Letras-Libras em 2006, formando professores licenciados para o ensino de Libras. Em seguida, em 2008, de forma pioneira, foi lançado o curso de bacharelado em Letras-Libras, destinado à formação de intérpretes e tradutores de Libras.

5 Pidgin: língua simplificada usada como meio de comunicação entre grupos que não têm um idioma comum. Crioulo: evolução de um pidgin que se tornou a língua materna de uma comunidade, com gramática e vocabulário mais desenvolvidos.

6 Mais comum entre os surdos mais escolarizados pelo fato de estarem em contato com textos em língua portuguesa. A comunidade surda, no geral, não possui níveis altos de escolarização, e daí decorre o estranhamento com as possíveis variações encontradas na língua pela situação de contato. O português sinalizado seria uma situação em que um falante da Libras, ao invés de utilizar a gramática mais estável da Libras, se utilizaria de: a) expressões idiomáticas do português que são traduzidas literalmente para a libras; b) da ordem sintática mais conveniente ao português (linear) em um determinado contexto de fala, ao invés de uma ordem que soaria mais claro na língua sinalizada (construções em simultaneidade). Estamos cientes da diferença entre construções agramaticais na língua de sinais, que são ininteligíveis, de outras que são menos aceitas. O que se percebe é uma certa intolerância com os sinalizadores que apresentam um maior contato com o português (Rodrigues e Almeida-Silva, 2017: 690).

7 Contato, em ordem: a) Língua de Sinais Mexicana e Língua de Sinais Americana; Língua de Sinais Espanhola e Língua de Sinais Catalã; Língua de Sinais Suíço-Alemã, Língua de Sinais Francesa e Língua de Sinais Italiana; Língua de Sinais Belga Francesa e Língua de Sinais Flamenga; b) Língua de Sinais Irlandesa e Língua de Sinais Australiana; Língua de Sinais Russa e Língua de Sinais Alemã; c) Língua de Sinais al-Sayyid Beduína e Língua de Sinais Israeliana.

AQUISIÇÃO DE LÍNGUA DE SINAIS POR SURDOS (pp. 181-218)

1 Foram registradas conversas com vários surdos e transcritos aqui apenas trechos considerados pertinentes para o objetivo deste capítulo. Entre esses surdos, dois fazem parte de família de surdos [E. e I.] e os demais são surdos de família ouvinte que estão na comunidade surda.

2 Gladis Perlin é uma mulher surda, professora aposentada da Universidade Federal de Santa Catarina, que desenvolve pesquisas no campo das identidades surdas e sobre as pedagogias dos surdos.

Bibliografia

ABREU, Antônio. Entrevista. Em *Corpus* de Libras. Inventário Nacional de Libras. Acervo: Surdos de Referência. ID 1117, 2017. Disponível em: https://*Corpus*libras.ufsc.br/dados/dado/view?id=1108. Acesso em: 06 dez. 2024.

ABREU, W. G. *Processos de Formação de Sinais:* um estudo sobre a derivação e incorporação nominal na Língua Brasileira de Sinais. Belém, 2019. Dissertação (Mestrado em Letras: Linguística e Teoria Literária) – Universidade Federal do Pará.

ADAM, R. Language contact and borrowing. In: PFAU, Roland; STEINBACH, Markus; WOLL, Bencie (Eds.). *Sign language: an international handbook.* Berlin: De Gruyter Mouton; 2012, p. 841-861.

AHLGREN, I. Sign language as the first language. In:. AHLGREN, I.;. HYLTENSTAM, K. (Eds.). *Bilingualism in Deaf Education.* Hamburg: SIGNUM Press, v. 55, 1994.

ALBRES, Neiva de Aquino; SARUTA, M. V. Programa Curricular de Língua Brasileira de Sinais para Surdos. Instituto Santa Teresinha. São Paulo., 2012.

ALBUQUERQUE, T. R. de. Entrevista. Em *Corpus de Libras*. Inventário Nacional de Libras. Acervo: Surdos de Referência. ID 1039, 2017. Disponível em: https://*Corpus*libras.ufsc.br/dados/dado/view?id=1039. Acesso em: 06 dez. 2024.

ALMEIDA-SILVA; ARAÚJO, N. F. M. et al. *Cena: dicionário visual da língua de Várzea Queimada:* edição em libras, português e inglês. Teresina: CCOM/Governo do Estado do Piauí, 2023.

AMPESSAN, J. P. *A escrita de expressões não manuais gramaticais em sentenças da Libras pelo sistema SignWriting.* Florianópolis, 2015. Dissertação (Mestrado em Linguística) – Universidade Federal de Santa Catarina.

ANATER, G. I. *As marcações linguísticas não-manuais na aquisição da língua de sinais brasileira:* um estudo de caso longitudinal. Florianópolis. 2009, Dissertação (Mestrado em Linguística) – Universidade Federal de Santa Catarina.

ANDERSON, D. Lexical Development of Deaf Children Acquiring Signed Languages. In: SCHICK, Brenda; MARSCHARK, Marc; SPENCER, Patricia E. (Eds) *Advances in the Sign Language Development of Deaf Children.* New York: Oxford University Press, 2006, p. 135-60.

_____; REILLY, J. The MacArthur Communicative Development Inventory: Normative Data for American Sign Language. *Journal of Deaf Studies and Deaf Education* n.7, v. 2, p. 83-106, 2002.

ANTUNES, I. *Lutar com palavras*: coesão e coerência. São Paulo: Parábola, 2005.

BAGNO, Marcos. *A língua de Eulália*: novela sociolinguística. São Paulo: Editora Ática, 1997.

_____. *Dicionário crítico de sociolinguística*. São Paulo: Parábola, 2017.

BASSO, I. *Educação de pessoas surdas*: novos olhares sobre velhas questões. Florianópolis, 2003. Dissertação (Mestrado em Educação) – Universidade Federal de Santa Catarina.

BATTISTI, N. *Aspects of Theory of Syntax*. Cambridge: MIT Press, 1965.

BATTISTI, E.; OTHERO, G. A.; FLORES, V. N. *Conceitos básicos de linguística*: sistemas conceituais. São Paulo: Contexto, 2021.

BEAUGRANDE, R.; DRESSLER, W. U. *Introduction to Text Linguistics*. London: Longman, 1981.

BERNARDES, R. *Estudos do léxico da Libras*: realização dos processos flexionais na fala do surdo. Uberlândia, 2020. Dissertação (Mestrado em Estudos Linguísticos) – Universidade Federal de Uberlândia.

BHABHA, H. K. *O local da cultura*. Belo Horizonte: Editora UFMG, 2003.

BORTONI-RICARDO, Stella Maris. *Manual de sociolinguística*. São Paulo: Contexto, 2014.

BOYES BRAEM, P. Acquisition of the Handshape in American Sign Language: A Preliminary Analysis. In: VOLTERRA, Virginia; ERTING, Carol J. (Eds.). *From Gesture to Language in Hearing and Deaf Children*. New York: Springer-Verlag, 1990, p. 107–27.

BRENNAN, M. *Word Formation in British Sign Language*. Stockholm, 1990. Tese (Doutorado em Linguística) – The University of Stockholm.

BRENTARI, Diane; PADDEN, Carol. Native and Foreign Vocabulary in American Sign Language: A Lexicon with Multiple Origins. *Foreign Vocabulary in Sign Languages*: A Cross-linguistic Investigation of Word Formation, p. 87-119, 2001.

CAGLIARI, L. C. *Alfabetização & linguística*. São Paulo: Scipione, 2009.

CALVET, L. J. *Sociolinguística*: uma introdução crítica. São Paulo: Parábola, 2002.

CAMPELLO, Ana Regina. A constituição histórica da língua de sinais brasileira: Século XVIII a XXI. *Revista Mundo & Letras*, v. 2, São Paulo: José Bonifácio, 2011.

_____. Entrevista. Em *Corpus* de Libras. Inventário Nacional de Libras. Acervo: Surdos de Referência. ID 974, 2017. Disponível em: https://*Corpus*libras.ufsc.br/dados/dado/view?id=974. Acesso em: 06 dez. 2024.

_____. *Aspectos da visualidade na educação de surdos*. Florianópolis, 2018. Tese (Doutorado) – Programa de Pós-Graduação em Educação. Universidade Federal de Santa Catarina.

_____; LUCHI, Marcos. Textos imagéticos. *Gramática da Libras*. Rio de Janeiro: INES, 2023, v. 1.

CHEN, P. et al. *Aquisição língua de sinais*. Vídeo-Book. Rio de Janeiro: Arara Azul, 2019. Disponível em: https://libras.ufsc.br/arquivos/vbooks/aquisicao/. Acesso em: 06 dez. 2024.

CHEN-PICHLER, Deborah. *Word Order Variation and Acquisition in American Sign Language*. Doctoral Dissertation. Linguistic Program. University of Connecticut, 2001.

_____. Remarks on Nominalization. In: JACOBS, R. A.; ROSENBAUM, P. S. (Eds.). *Readings in English Transformational Grammar*. Boston: Ginn, 1970, p. 184-221.

CORDEIRO, R. A. A. *Sinal datilológico em Libras*. Florianópolis, 2019. Dissertação (Mestrado em Linguística) – Universidade Federal de Santa Catarina.

COSTA, M. R. Entrevista. Em *Corpus* de Libras. Inventário Nacional de Libras. Acervo: Surdos de Referência. ID 1109, 2017. Disponível em: https://*Corpus*libras.ufsc.br/dados/dado/view?id=1109. Acesso em: 06 dez. 2024.

CRASBORN, O. Phonetics. In: PFAU, Roland; STEINBACH, Markus; WOLL, Bencie (Eds.). *Sign Language*: An International Handbook. Berlin: De Gruyter, 2012, p. 4-20.

CRUSE, A. *A Glossary of Semantics and Pragmatics*. Edinburgh: Edinburgh University Press, 2006.

DAVIDSON, Kathryn; LILLO-MARTIN, Diane; CHEN PICHLER, Deborah. Spoken English Language Development among Native Signing Children with Cochlear Implants. *Journal of Deaf Studies and Deaf Education*, v. 19, n. 2, p. 238-250, 2014.

BIBLIOGRAFIA

DEDINO, M. Incorporação de numeral na Libras. In: ALBRES, N. A.; XAVIER, A. N. (Orgs.). *Libras em estudo*: descrição e análise. São Paulo: Feneis, 2012.

DERRIDA, J. *De La Gramatología [De la Grammatologie*. Collection Critique, Paris, Minuit, 1967]. Disponível em: http://personales.ciudad.com.ar/Derrida/textos.htm. Acesso em: 10 out. 2005.

DINIZ, H. G. *A história da Língua de Sinais Brasileira (Libras)*: um estudo descritivo de mudanças fonológicas e lexicais. Florianópolis, 2010. Dissertação (Mestrado) – Universidade Federal de Santa Catarina.

EMMOREY, K. *Language, Cognition, and the Brain*: Insights from Sign Language Research. Mahwah, NJ: Lawrence Erlbaum, 2002.

_____; CORINA, D. Lexical Recognition in Sign Language: Effects of Phonetic Structure and Morphology. *Perceptual and Motor Skills*, v. 71, p. 1227-1252, 1990.

_____ et al. Effects of Age of Acquistion on Grammatical Sensitivity: Evidence from On-line and Off-line Tasks. *Applied Psycholinguistics*, v. 16, 1-23, 1995.

ETHNCLOGUE. *Ethnologue*: Languages of the World. Página inicial. Disponível em: https://www.ethnologue.com/. Acesso em: 25 nov. 2022.

FARACO, C. A. *Linguística histórica*: uma introdução ao estudo da história das línguas. São Paulo: Parábola, 2006.

FARIA-NASCIMENTO, S. P. *Representações lexicais da Língua de Sinais Brasileira*: uma proposta lexicográfica. Brasília, 2009. Tese (Doutorado em Linguística) – Instituto de Letras, Universidade de Brasília, 2009.

FARIA-NASCIMENTO, S. P.; CORREIA, M. *Um olhar sobre a morfologia dos gestos*. Lisboa: Universidade Católica Editora, 2011.

FELIPE, T.A. *O signo gestual-visual e sua estrutura frasal na língua dos sinais dos centros urbanos brasileiros*. Recife, 1988. Dissertação (Mestrado), Universidade Federal de Pernambuco.

_____. Os processos de formação de palavra na Libras. *ETD - Educação Temática Digital*, v. 7, n. 2, p. 200-217, 2006.

FERRAREZI JR.; BASSO, R. *Semântica, semânticas*: uma introdução. São Paulo: Contexto, 2013.

FERREIRA, P. L. A. Entrevista. Em *Corpus* de Libras. Inventário Nacional de Libras. Acervo: Surdos de Referência. ID 1009, 2017. Disponível em: https://*Corpus*libras.ufsc.br/dados/dado/view?id=1009. Acesso em: 06 dez. 2024.

FERREIRA, L. *Por uma gramática de língua de sinais*. Rio de Janeiro: Tempo Brasileiro, 2010 [1995].

FERREIRO, Emilia; TEBEROSKY, Ana. *A psicogênese da língua escrita*. Porto Alegre: Artes Médicas, 1985.

FIGUEIREDO, L. M. B.; LOURENÇO, G. O movimento de sobrancelhas como marcador de domínios sintáticos na Língua Brasileira de Sinais. *Revista Da Anpoll*, v. 1, n. 48, p. 78-102, 2019.

FISCHER, R.; LANE, H. *Looking Back*: A Reader on the History of Deaf Communities and their Sign Language. Hamburg: Signum Press, 1993.

FRISHBERG, N. Arbitrariness and Iconicity: Historical Change in American Sign Language. *Language*, v. 51, n. 3, p. 696-719, 1975.

GAGNE, D.; SENGHAS, A.; COPPOLA, M. The Influence of Same-age Peers on Language Emergence. *Presentation at Theoretical Issues of Sign Language Research* n. 13 Conference. Hamburg, 2019.

GAMA, F. J. da. *Iconographia dos Signaes dos Surdos-Mudos*. Rio de Janeiro: Ines, 2011 [1875]. (Série Histórica do Instituto Nacional de Educação de Surdos; 1.)

GÓES, M. C. R. Com quem as crianças surdas dialogam em sinais? In: LACERDA, Cristina Broglia Feitosa; GÓES, Maria Cecília Rafael de (Orgs.). *Surdez; processos educativos e subjetividade*. São Paulo: Lovise, 2000.

GOLDIN-MEADOW, Susan. The Resilience of Language: What Gesture Creation in Deaf Children Can Tell Us about How All Children Learn Language. In: HUGHS, Claire; ELLEFSON; Michelle (Eds.). *Essays in Developmental Psychology*. New York: Psychology Press. 2003.

_____. *Thinking with your Hands*: The Surprising Science behind how Gestures Shape our Thoughts. Hachette UK, 2023.

INTRODUÇÃO AO ESTUDO DA LIBRAS

GROSJEAN, François. *Life with Two Languages*: An Introduction to Bilingualism. Cambridge: Harvard University Press, 1982.

HALL, S. *Da diáspora*: identidades e mediações culturais. Belo Horizonte: Editora UFMG, 2003.

HALLIDAY, M. A. K; MATTHIESSEN, C. M. I. M. *An Introduction to Functional Grammar*. New York: Edward Arnold, 2014.

HALLIDAY, M.; HASAN, R. *Cohesion in English*. London: Longman, 1976.

HARRIS, R.; HOLMES, H. M.; MERTENS, D. M. Research Ethics in Sign Language Communities. *Sign Language Studies*, v. 9, n. 2, p. 104-131, 2009.

HOPPER, P.; TRAUGOTT, E. *Grammaticalization*. Cambridge University Press, 1993.

HOYER, K. Albanian Sign Language: Language Contact, International Sign, and Gesture. In: QUINTO-POZOS, David (Org.). *Sign Languages in Contact*. Washington D.C.: Gallaudet University Press, 2007.

IPHAN. Ministério da Cultura. Guia de pesquisa e documentação para o INDL, 2012. Disponível em: http://portal.iphan.gov.br/uploads/ckfinder/arquivos/Guia%20de%20Pesquisa%20e%20Documenta%C3%A7%C3%A3o%20para%20o%20INDL%20-%20Volume%201.pdf. Acesso em: 06 dez, 2024.

ISRAELITE, N.; EWOLDT, C.; HOFFMEISTER, R. *Bilingual/Bicultural Education for Deaf and Hard-of-hearing Students*: A Review of the Literature on the Effects of Native Sign Language on Majority Language Acquisition. Toronto: Ontario Ministry of Education, 1992.

JACKENDOFF, J. *Patterns in the Mind. Language and Human Nature*. New York: Basic Books, 1994.

JO NAPOLI, Donna; SUTTON-SPENCE, Rachel; QUADROS, Ronice Müller de. Influence of Predicate Sense on Word Order in Sign Languages: Intensional and Extensional Verbs. *Language*, v. 93, n. 3, p. 641-670, 2017.

JOHNSON, R. E.; LIDDEL, S. K.; ERTING, C. J. Unlocking the Curriculum: Principles for Achieving Access in Deaf Education (Gallaudet Research Institute Working Paper n. 89-3). Washington, DC: Gallaudet University Press, 1989.

JOHNSTON, Trevor; SCHEMBRI, Adam. *Australian Sign Language*: An Introduction to Sign Language Linguistics. Cambridge: Cambridge University Press, 2007.

KARNOPP, L. B. *Aquisição do parâmetro configuração de mão dos sinais da língua de sinais brasileira*: estudo sobre quatro crianças surdas filhas de pais surdos. Porto Alegre, 1994. Dissertação (Mestrado) – Instituto de Letras e Artes. PUCRS.

KLIMA E. S.; BELLUGI U. *The Signs of Language*. Cambridge, MA: Harvard University Press, 1979.

KOCH, I. G. V. *A coesão textual*. São Paulo: Contexto, 2014.

LABOV, William. *Padrões sociolinguísticos*. São Paulo: Parábola, 2008.

LADD, P. Time to Locate the Big Picture? *Cross-linguistic Perspective in Sign Language Research*. Selected papers from TISLR, 2000.

LEITE, Jan Edson Rodrigues. *Fundamentos da linguística* – língua portuguesa e Libras: teorias e práticas. Joao Pessoa: Ed Universitária da UFPB, v. 1, p. 171-232, 2010.

LEITE, T. A. *Leitura e produção de textos*: texto-base preparado para o curso de Letras-Libras. Universidade de Santa Catarina, 2009.

_____; QUADROS, R. M. de. Línguas de sinais do Brasil: reflexões sobre o seu estatuto de risco e importância da documentação. In: STUMPF, M.; QUADROS, R. M.; LEITE, T. A. (Orgs.). *Estudos da Língua Brasileira de Sinais*. Florianópolis: Insular, 2014. v. II.

LENNEBERG, E. H. *Biological Foundations of Language*. New York: John Wiley, 1967.

LIDDELL, S. K.; JOHNSON, R. E. American Sign Language Compound Formation Processes, Lexicalization, and Phonological Remnants. *Natural Language Linguistics Theory*. v. 8, p. 445-513, 1986.

_____; _____. American Sign Language: The Phonological base. *Sign Language Studies*. v. 64. 1989, p. 195-277.

LIEBERMAN, A.; HATRAK, M.; MAYBERRY, R. The Development of Eye Gaze Control for Linguistic Input in Deaf Children. *BUCLD 35 Proceedings*. Cascadilla Press, 2011.

BIBLIOGRAFIA

LILLO-MARTIN, D. C. *Parameter Setting:* Evidence from Use, Acquisition, and Breakdown in American Sign Language. Doctoral Dissertation. University of California, San Diego. University Microfilms International, Michigan: Ann Arbor, 1986.

_____. Where Are all the Modality Effects?. In: MEIER, R. P.; CORNIER, K. A.; QUINTO, D. G. (Eds.). *Modality and Structure in Signed Language and Spoken Language.* Cambridge: Cambridge University Press, 2002.

LIMA, M. D. Entrevista. Em *Corpus* de Libras. Inventário Nacional de Libras. Acervo: Surdos de Referência. ID 1003. 2017. Disponível em: https://Corpuslibras.ufsc.br/dados/dado/view?id=1003. Acesso em: 06 dez. 2024.

LIMA, M. *Política educacional e política linguística na educação dos e para os surdos.* Uberlândia, 2018. Tese (Doutorado em Educação) – Universidade Federal de Uberlândia.

LOURENÇO, G.; MURTA, M.; QUADROS, R. M. Estrutura informacional e construções de topicalização e focalização. *Gramática da Libras.* Rio de Janeiro: Editora do Ines, 2023, v. 2, p. 69-88.

LUDWIG, C. R.; QUADROS, R. M.; SANTOS, T. C. Hipotaxe adverbial temporal na Libras. *ReVEL,* v. 20, n. 39, p. 81-104, 2022.

LUDWIG, C.; QUADROS, R. M. de.; RODRIGUES-SILVA, V. R. As marcações manuais e não manuais na hipotaxe adverbial causal na Libras. *Quintú Quimün. Revista Linguística.* Dossier Estudios gramaticales de lenguas de señas de América Latina y el Caribe. n. 6, p. 1-22, 2022.

LYONS, J. *Língua(gem) e linguística:* uma introdução. Rio de Janeiro: LCT, 2013.

MACHADO, Fernanda de Araújo. *Antologia da poética em Língua de Sinais Brasileira.* Florianópolis, 2017. Tese (Doutorado em Estudos da Tradução). Universidade Federal de Santa Catarina.

MACHADO, Rodrigo Nogueira. *O processo de empréstimos linguísticos na Libras:* modalidades e categorização. Maceió, 2022. Tese (Doutorado em Letras e Linguística: Linguística) – Faculdade de Letras, Programa de Pós-graduação em Letras e Linguística, Universidade Federal de Alagoas.

MARTINET, A. *Elementos de linguística geral.* Lisboa: Clássica Editora, 2014.

MAYBERRY, R. I. Early Language Acquisition and Adult Language Ability: What Sign Language Reveals about the Critical Period for Language. In: MARSCHARK, M.; SPENCER, P. (Eds.). *Oxford Handbook of Deaf Studies, Language, and Education.* New York: Oxford University Press, 2010, 2v.

_____, LOCK, Elizabeth; KAZMI, Hena. Development: Linguistic Ability and Early Language Exposure. *Nature* v. 417, v. 6884, p. 38, 2002.

MCCLEARY, L.; VIOTTI, E. Língua e gesto em línguas sinalizadas. *Revista de Estudos Linguísticos Veredas,* v. 15, n. 1, p. 289-304, 2011.

MEIER, Richard. Why Different, Why the Same? Explaining Effects and Non-effects of Modality upon Linguistic Structure in Sign and Speech. In: MEIER, Richard; CORMIER, Kearsy; QUINTO-POZOS, David. *Modality and Structure in Signed and Spoken Languages.* Cambridge: Cambridge University Press, 2002.

_____. The Form of Early Signs: Explaining Signing Children's Articulatory Development. In SCHICK, Brenda; MARSCHARK, Marc; SPENCER, Patricia E. (Eds.). *Advances in Sign Language Development by Deaf Children.* New York: Oxford University Press, 2006, p. 202-230.

_____ et al. The Form of Children's Early Signs: Iconic or Motoric Determinants?. *Language Learning and Development* v. 4, n. 1, p. 63-98, 2008.

MEIR, I. Word Classes and Word Formation. In: PFAU, R.; STEINBACH, M.; WOLL, B. (Orgs.). *Handbook on Sign Language Linguistics.* Berlin: Mouton De Gruyter, 20 Petitto 12, p. 365-387.

MINISTÉRIO DA EDUCAÇÃO. *Proposta curricular para o ensino do português escrito como segunda língua para estudantes surdos da educação básica e do ensino superior.* Volume Introdutório (Caderno introdutório, autores Sandra Patrícia de Faria do nascimento, Andréa Beatriz Messias Belém Moreira, Maria Cristian da Cunha Pereira, Ivani Rodrigues Silva, Elidéa Lúcia Almeida Bernardino, Osilene Maria de Sá e Silva da Cruz); Volume 1 (Educação Infantil, autores Andréa Beatriz Messias Belém Moreira, Ingrida da Costa Silva, Ivone Ramos Martins Malaquias, Rosana Maria de Prado Luz Meireles, Sandra Patrícia de Faria do Nascimento); Volume 2 (ensino fundamental anos iniciais, autores 1o. ano Andréa Beatriz

INTRODUÇÃO AO ESTUDO DA LIBRAS

MESSIAS Belém Moreira, Ingrid da Costa Silva, Ivone Ramos Martins Malaquias, Rosana Maria do Prado Luz Meireles, Sandra Patrícia de Faria do Nascimento e 2a ao 5o. ano Marisa Dias Lima, Nina Rosa Silva de Araújo, Patrícia Elisângela Cristiane Lima, Shirley Vihalva, Sandra Patrícia de Faria do Nascimento); Volume 3 (ensino fundamental anos finais, autores Ivani Rodrigues Silva, Cristian Aparecida Bianchi, Elizandra de Lima Silva Bastos, Josiane Marques da Costa, Sandra Patrícia de Faria do Nascimento); Volume IV (ensino médio, autores Elidéia Lúcia Almeida Bernardino, Aline Nunes de Sousa, Bruna Crescêncio Neves, Eder Barbosa Cruz, Roberta Cantela, Tatiane Folchini dos Reis, Sandra Patrícia de Faria do Nascimento); Volume V (ensino superior, autores Osilene Maria de Sá e Silva da Cruz, Alexandre Melo de Sousa, Cristiane Batista do Nascimento, Fernanda Beatriz Caricari de Morais, José Carlos de Oliveira, Layane Rodrigues de Lima, Sandra Patrícia de Faria do Nascimento). DIPEBS/SEMESP. 2021.

MIRANDA, W. *Comunidade dos surdos*: olhares sobre os contatos culturais. Porto Alegre, 2001. Dissertação (Mestrado) – UFRGS.

MORFORD, J. P.; MAYBERRY, R. I. A Reexamination of "Early Exposure" and its Implications for Language Acquisition by Eye. In: CHAMBERLAIN, C.; MORFORD, J. P.; MAYBERRY, R. I. (Eds.). *Language Acquisition by Eye*. Mahwah, NJ: Lawrence Erlbaum. 2000.

MORGAN, Gary. 'Children Are Just Lingual': The Development of Phonology in British Sign Language (BSL). *Lingua*, v. 116, n. 10, p. 1507-1523, 2006.

NASCIMENTO, Cristiane Batista do. *Empréstimos linguísticos do português na Língua de Sinais Brasileira – LSB*: Línguas em contato. Brasília, 2010. Dissertação (Mestrado em Linguística) – Instituto de Letras, Universidade de Brasília/UnB.

NEWPORT, E.; SUPALLA, T. The Structuring of Language by Developmental Processes: Clues from the Acquisition of Signed and Spoken Language. In: BELLUGI, Ursula; STUDDERT-KENNEDY, Michael (Eds.). *Signed and Spoken Language*: Biological Constraints on Linguistic Form, Deerfield Beach, FL: Verlag Chemie, 1980, p. 187-212.

OLIVEIRA, Jeane Cristina de. *Léxico da Libras*: em busca do merge. Rio de Janeiro, 2020. Tese (Doutorado em Linguística) – Universidade Federal do Rio de Janeiro.

ORTEGA, G.; SÜMER, B.; ZYÜREK, A. Type of Iconicity matters in the vocabulary development of signing children. *Dev. Psychol*. v. 53, p. 89-99, 2017.

PADDEN, C. A. *Interaction of Morphology and Syntax in American Sign Language*. New York/London: Garland Publishing, 1988.

_____. Learning to Fingerspell Twice: Young Signing Children's Acquisition of Fingerspelling. In: SCHICK, Brenda; MARSCHARK, Marc; SPENCER, Patricia E. *Advances in Sign Language Development by Deaf Children*. New York: Oxford University Press, 2006, p. 189-201.

PARISOTTO, A. L. V.; RINALDI, R. P. Ensino de língua materna: dificuldades e necessidades formativas apontadas por professores na Educação Fundamental. *Demanda Contínua*, Revista Educação Especial, v. 60, abr.-jun. 2016.

PÊGO, C. F. *Articulação-boca na Libras*: um estudo tipológico semântico-funcional. Florianópolis, 2021. Tese (Doutorado) – Programa de Pós-Graduação em Linguística, Centro de Comunicação e Expressão, Universidade Federal de Santa Catarina.

PERLIN, G. Identidades surdas. In: SKLIAR, C. (Org.). *Um olhar sobre as diferenças*. Porto Alegre: Mediação, 1998.

PERNISS, P.; THOMPSON, R. L.; VIGLIOCCO, G. Iconicity as a General Property of Language: Evidence from Spoken and Signed Languages. *Front. Psychol*, 2010.

PETITTO, L. On the Autonomy of Language and Gesture: Evidence from the Acquisition of Personal Pronouns in American Sign Language. *Cognition* v. 27, n. 1, 1987, p. 1-52.

_____. Language in the Prelinguistic Child. In: KESSEL, Frank S. (Ed.). *The Development of Language and Language Researchers: Essays in Honor of Roger Brown*. Hillsdale, NJ: Lawrence Erlbaum Associates, 1988, p. 187-221.

_____. The Acquisition of Natural Signed Languages: Lessons in the Nature of Human Language and Its Biological Foundations. In: CHAMBERLAIN, Charlene; MORFORD, Jill P.; MAYBERRY, Rachel I. *Language Acquisition by Eye*. Mahwah, NJ: Lawrence Erlbaum Associates, 2000, p. 41-50.

BIBLIOGRAFIA

_____; MARENTETTE, P. Babbling in the Manual Mode: Evidence for the Ontogeny of Language. *Science* v. 251, n. 5000, 1991, p. 1493-1496.

PIZZIO, A. et al. Morfologia da Libras. In: QUADROS, R. M. (Org.). *Gramática da Libras*. Rio de Janeiro: INES, 2023, p. 175-378.

_____. *A tipologia linguística e a língua de sinais brasileira*: elementos que distinguem nomes de verbos. Tese (Doutorado em Linguística) – Universidade Federal de Alagoas. Maceió, 2011.

_____; CAMPELLO, A. R. S.; REZENDE, P. L. F.; QUADROS, R. Q. *Língua Brasileira de Sinais III*. Florianópolis: Universidade Federal de Santa Catarina, 2009.

POLGUÈRE, A. *Lexicologia e semântica lexical*: noções fundamentais. São Paulo: Contexto, 2018.

PREFEITURA MUNICIPAL DO RIO GRANDE. *Currículo da Língua Brasileira de Sinais – Libras. Componente curricular como primeira língua*. Rio Grande, RS. 2020.

QUADROS, Ronice Müller de. *Educação de surdos*: a aquisição da linguagem. Porto Alegre: Artmed, 1997.

_____. O contexto escolar do aluno surdo e o papel das línguas. *Revista Espaço*. Ines. 1998.

_____. *Phrase Structure in Brazilian Sign Language*. Porto Alegre, 1999. Tese (Doutorado) – Pontifícia Universidade Católica do Rio Grande do Sul.

_____. Efeitos de modalidade: línguas de sinais. *ETD – Educação Temática Digital*, Campinas, v. 7, n. 2, p. 167-177, jun. 2006.

_____ (Org.). *Letras Libras*: ontem, hoje e amanhã. Florianópolis: Editora UFSC, 2014.

_____. Políticas linguísticas, língua de sinais e educação de surdos. In: BIDARRA, J.; MARTINS, T. A.; SEIDE, M. S. (Orgs.). *Entre a Libras e o português*: desafio face ao bilinguismo. Cascavel: EDUNNIOESTE: Londrina: EDUEL, 2016.

_____. *Libras*. São Paulo: Parábola, 2019.

_____. *Gramática da Libras*. Livro didático integrante do Curso de Gramática da Libras. [s.l.]: Signa, 2021a.

_____. *Gramática da Libras*. Petrópolis: Arara Azul. 2021b. https://libras.ufsc.br/arquivos/vbooks/gramatica/. Acesso em: 24 abr. 2023.

_____. Libras Sign Bank. Universidade Federal de Santa Catarina, Florianópolis, 2023. Disponível em: https://signbank.libras.ufsc.br/pt/search-signs/words?page=1&letter=a. Acesso em: 2 de maio de 2024.

_____; FINGER, I. *Aquisição da linguagem*. Florianópolis: Editora UFSC, 2013.

_____; KARNOPP, Lodenir. *Língua de Sinais Brasileira*: estudos linguísticos. Porto Alegre: Artmed, 2004.

_____.; LILLO-MARTIN, D. Língua de herança e privação da língua de sinais. *Revista Espaço*. v. 55. Ines. p. 213-222, 2021. Disponível em: https://seer.ines.gov.br/index.php/revista-espaco/article/view/1648. Acesso em: 06 dez. 2024.

_____; LUDWIG, C. *Complex Clauses in Brazilian Sign Language*. Cambridge Essential Series. no prelo.

_____; NEVES, B. C.; SCHMITT, D.; LOHN, J. T.; LUCHI, M. *Língua Brasileira de Sinais*: patrimônio linguístico brasileiro. Florianópolis: Editora Garapuvu, 2018.

_____; SCHMIEDT, M. *Ideias para ensinar português para alunos surdos*. Ministério da Educação, SEESP. Brasília. 2006.

_____; STUMPF, M. R. (Orgs.). *Estudos surdos IV*. Petrópolis: Arara Azul, 2009.

_____; SILVA, J. B.; MACHADO, R. N. A *Corpus*-based analysis of coordinate structures in Libras. In: WEHRMEYER, Ella (Ed.). *Advances in Sign Language Corpus Linguistics*. John Benjamins Publishing Company. 2023, p. 123-154.

_____ et al. *Língua Brasileira de Sinais*: patrimônio linguístico brasileiro. Florianópolis: Editora Garapuvu, 2018. Disponível em: https://*Corpus*libras.ufsc.br/publicacoes/categoria?categoria=Livro. Acesso em: 06 dez. 2024.

_____ et al. *Inventário Nacional de Libras*. Dossiê. *Forum Linguístico*, Florianópolis, v. 17, n. 4, p. 5457-5474, out./dez. 2020.

_____ et al. *Gramática da Libras*. Rio de Janeiro: Editora do Ines. Rio de Janeiro, 2023a.

_____ et al. (Orgs.). *Gramática da Libras*. Rio de Janeiro: Ministério da Educação. Instituto Nacional de Educação de Surdos, 2023b, v. 1. Disponível em: https://drive.google.com/file/d/1znIKuPoBrecogQp0lN109ZpdOTIt_mH3/view. Acesso em: jun. 2023.

_____ et al. (Orgs.). *Gramática da Libras*. Rio de Janeiro: Ministério da Educação. Instituto Nacional de Educação de Surdos, 2023c, v. 2. Disponível em: https://drive.google.com/file/d/1eDucCP3zyNECnZr--0r1ssbIVAirhQzkj/view. Acesso em: jun. 2023.

QUER, Josep. Legal Pathways to the Recognition of Sign Languages: a Comparison of the Catalan and Spanish Sign Language Acts. *Sign Language Studies*, v. 12, n. 4, p. 565-582, 2012.

QUINTO-POZOS, D. Sign Language contact & interference: ASL & LSM. *Language in Society*, v. 37, n. 2, p. 161-189, 2008.

QUINTO-POZOS, D.; ADAM, R. Language Contact Considering Signed Language. In: GRANT, A. P. *The Oxford Handbook of Language Contact*. Oxford: Oxford University Press, 2020.

_____; _____. Sign languages in contact. In: SCHEMBRI, A. C.; LUCAS, C. (Ed.). *Sociolinguistics and Deaf Communities*. Cambridge: Cambridge University Press, 2015. p. 29-60.

RATHMANN, C. Unimodal Language Contact in Dyadic Conversations. Canal do Ciclo Internellis. YouTube, 21 dez. 2020. Disponível em: https://www.youtube.com/watch?v=VdBt0wv1t4U&t=2037s. Acesso em: 20 out. 2022.

REICHERT, A. R. Entrevista. Em *Corpus* de Libras. Inventário Nacional de Libras. Acervo: Surdos de Referência. ID 1054. 2017. Disponível em: https://*Corpus*libras.ufsc.br/dados/dado/view?id=1054. Acesso em: 06 dez. 2024.

REILLY, J. S., MCINTIRE, M.; BELLUGI, U. Faces: The Relationship Between Language and Affect. In: VOLTERRA, Virginia; ERTING, Carol J. *From Gesture to Language in Hearing and Deaf Children*. New York: Springer-Verlag, 1990, p. 128-41.

REIS, F. Entrevista. Em *Corpus* de Libras. Inventário Nacional de Libras. Acervo: Surdos de Referência. ID 1015. 2017. Disponível em: https://*Corpus*libras.ufsc.br/dados/dado/view?id=1015. Acesso em: 06 dez. 2024.

ROCHA, A. O. *Uma investigação sobre o uso de recursividade em Libras*. Porto Alegre, 2021. Dissertação (Mestrado em Linguística) – UFRGS.

ROCHA, A.; LUDWIG, C.; QUADROS, R. M. de. Sentenças encaixadas na Libras. *Forum Linguística*. Florianópolis. Programa de Pós-Graduação em Linguística. (no prelo)

ROCHA, L. C. A. *Estruturas morfológicas do português*. São Paulo: Martins Fontes, 2008.

RODERO-TAKAHIRA, A. G. *Compostos na língua de sinais brasileira*. São Paulo, 2015. Tese (Doutorado em Linguística) – Faculdade de Filosofia, Letras e Ciências Humanas, Universidade de São Paulo.

RODERO-TAKAHIRA, A. G.; SCHER, A. P. Classificando os compostos da Libras. *Porto Das Letras*, v; 6, n. 6, p. 152-180, 2020.

RODRIGUES, A.; ALMEIDA-SILVA, A. Reflexões sociolinguísticas sobre a Libras (Língua Brasileira de Sinais). *Estudos Linguísticos* (São Paulo. 1978), [s. l.], v. 46, n. 2, p. 686-698, 2017. DOI: 10.21165/el.v46i2.1673. Disponível em: https://revistas.gel.org.br/estudos-linguisticos/article/view/1673. Acesso em: 16 mar. 2024.

RODRIGUES, A.; SOUZA, J. C. Gramaticalização do sinal "motivo" na Língua Brasileira de Sinais: uma análise baseada no uso. *Revista do GEL*, v. 16, n. 1, p. 53-82, 2019.

ROYER, M. *Análise da ordem das palavras nas sentenças em Libras do Corpus da grande Florianópolis*. Florianópolis, 2019. Dissertação (Mestrado em Linguística) – Universidade Federal de Santa Catarina.

ROYER, M.; QUADROS, R. M. Ordem dos constituintes nas sentenças em Libras. *Gramática da Libras*. Rio de Janeiro: Editora do Ines. 2023, v. 2, p. 32-69.

ROYER, M.; QUADROS, R. M. Ordem das palavras na Libras. *Gramática da Libras*. Florianópolis: Arara Azul, 2021. https://libras.ufsc.br/arquivos/vbooks/gramatica/. Acesso em: 24 abr. 2023.

SAFAR, Josefina. *A Comparative study of Yucatec Maya Sign Languages*. Stockholm, 2020. Tese (Doutorado). Department of Linguistics, Stockholm University.

SANDLER, W. *Phonological Representation of the Sign*: Linearity and Nonlinearity in American Sign Language. Dordrecht, Neth.: Foris, 1989.

BIBLIOGRAFIA

_____. Establishing Evidence for Major Phonological Categories: The Case for Movements in Sign Language. *Lingua*. v.98. 1996, p. 197-220.

_____. Phonology, Phonetics, and the Nondominant hand. In: GOLDSTEIN, L.; Whalen, D. H.; BEST, C. (ed.). *Papers in Laboratory Phonology*: Varieties of Phonological Competence, Berlin: de Gruyter. 2006, p. 185-212.

_____. *Prosody and Syntax in Sign Language*. Trans. Philol. Soc. v. 108, p. 298-328, 2010.

_____. O desafio da fonologia das línguas de sinais. *ReVEL*, edição especial, v. 21, n. 20, , 2023.

_____; LILLO-MARTIN, D. *Sign Language and Linguistic Universals*. Cambridge: Cambridge University Press, 2006.

SAUSSURE, Ferdinand. *Curso de Linguística geral*. Trad. Antônio Chelini, José Paulo Paes e Izidoro Blikstein. 27 ed. São Paulo: Cultrix, 2006.

SCHWINDT, L. C. *Manual de linguística*: fonologia, morfologia e sintaxe. Petrópolis: Vozes, 2014.

SEGALA, R. R. Entrevista. Em *Corpus* de Libras. Inventário Nacional de Libras. Acervo: Surdos de Referência. ID 1111, 2017. Disponível em: https://*Corpus*libras.ufsc.br/dados/dado/view?id=1111. Acesso em: 06 dez. 2024.

_____. *A emergência de sinais na Libras*: a influência dos emblemas. Araraquara, 2021 Tese (Doutorado em Linguística) – Faculdade de Ciências e Letras, Universidade Estadual Paulista Júlio de Mesquita Filho.

SILVA, D. S. da. *Inventário de línguas de sinais emergentes encontradas no Brasil*: o caso da Cena (Jaicós – PI) e da língua de sinais de Caiçara (Várzea Alegre– CE). Florianópolis, 2021. Tese (Doutorado em Linguística) – Centro de Comunicação e Expressão, Universidade Federal de Santa Catarina.

SILVA, I. V. R. *Aspectos de nomes e verbos na Libras*: identificação morfossintática. Florianópolis, 2020. Dissertação (Mestrado em Linguística) – Universidade Federal de Santa Catarina.

SILVA, J. B.; ARAÚJO NETO, H. M.; MACHADO, R. N. Flexão de plural ou nominalização? A função da reduplicação em nomes na Libras. *Estudos da Língua Brasileira de Sinais*. Florianópolis: Insular, 2020, v. V, p. 159-177.

SILVA, M. C. F.; MEDEIROS, A. B. *Para conhecer morfologia*. São Paulo: Contexto, 2016.

SILVA, R. C. *Para além das mãos*: a expressão não manual na Língua de Sinais Portuguesa. Évora, 2023. Tese (Doutorado em Linguística) – Universidade de Évora.

SIPLE, Patricia. Visual Constraints for Sign Language Communication. *Sign Language Studies*, n. 19, p. 95-110, 1978.

SKLIAR, C. (Org.). *Educação & exclusão*: abordagens sócio-antropológicas em educação especial. Porto Alegre: Mediação, 1997.

_____ (Org.). *A surdez*: um olhar sobre as diferenças. Porto Alegre: Mediação, 1998.

SLLS. *Sign Language Conferences*. Disponível em: https://slls.eu/tislr-conferences/. Acesso em: jun. 2023.

SOARES, Charley. *Os mecanismos de coesão gramatical e lexical em Língua Brasileira de Sinais (Libras)*. Florianópolis, 2020. Tese (Doutorado em Linguística) – Universidade Federal de Santa Catarina.

SOARES, Magda. *Alfabetização e letramento*. São Paulo: Contexto 2011.

SOUSA, A. N; QUADROS, R. M. de. Uma análise do fenômeno "alternância de línguas" na fala de bilíngues intermodais (Libras e português). *ReVEL*, v. 10, n. 19, 2012.

SOUZA, R. B.; SEGALA, R. R. A perspectiva social na emergência das línguas de sinais: a noção de comunidade de fala e idioleto segundo o modelo teórico laboviano. In: QUADROS, R. M.; STUMPF, M. R. (Orgs.). *Estudos Surdos IV*, Petrópolis: Arara Azul, 2009.

SOUZA, S. P. S. de Entrevista. Em *Corpus* de Libras. Inventário Nacional de Libras. Acervo: Surdos de Referência. ID 991, 2017. Disponível em: https://*Corpus*libras.ufsc.br/dados/dado/view?id=991. Acesso em: 06 dez. 2024.

SOUZA, T. A. F. *A relação sintático-semântica dos verbos e seus argumentos na Língua Brasileira de Sinais (Libras)*. Rio de Janeiro, 1998. Tese (Doutorado em Linguística) – Universidade Federal do Rio de Janeiro.

SPENCER, Patricia E.; HARRIS, Margaret. Patterns and Effects of Language Input to Deaf Infants and Toddlers from Deaf and Hearing Mothers. Advances in the Sign Language Development of Deaf Children. In: SCHICK, Brenda; MARSCHARK, Marc; SPENCER, Patricia Elizabeth (ed.). *Advances in the Sign-Language Development of Deaf Children*. Oxford: Oxford University Press, 2006, p. 71-101.

STOKOE, William C. *Sign Language Structure*: An Outline of the Visual Communication Systems of the American Deaf. *Studies Linguistics*. Occas, 1960.

STUMPF, M. R. Entrevista. Em *Corpus de Libras*. Inventário Nacional de Libras. Acervo: Surdos de Referência. ID 1108, 2017. Disponível em: https://*Corpus*libras.ufsc.br/dados/dado/view?id=1108. Acesso em: 06 dez. 2024.

STUMPF, M. R.; LINHARES, R. *Coleção Ensinar e Aprender em Libras*: Referenciais para o ensino de Língua Brasileira de Sinais como primeira língua na educação bilíngue de surdos – da educação infantil ao ensino superior. Volumes 1 (Fundamentos Curricularização do Ensino de Libras como primeira língua), 2 (Ensino de Libras como L1 na Educação Infantil), 3 (Ensino de Libras como L1 no Ensino Fundamental), 4 (Ensino de Libras como L1 no Ensino Médio) e 5 (Ensino de Libras como L1 na Educação Superior). 2021.

SUPALLA, T. *Structure and Acquisition of Verbs of Motion and Location in American Sign Language*. Unpublished doctoral dissertation, University of California, San Diego, 1982.

_____. The Classifier System in American Sign Language. In: CRAIG, Colette. (Ed.). *Typological Studies in Language*: Noun Classes and Categorization. Amsterdam, Philadelphia: John Benjamin Publishing Company, 1986, p. 181-214.

TARALLO, F. *A pesquisa sociolinguística*. São Paulo: Ática, 2007.

TAUB, Sara F. *Language from the Body*: Iconicity and Metaphor in American Sign Language. Cambridge: Cambridge University Press, 2004.

_____. Iconicity and Metaphor. In: PFAU, Roland; STEINBACH, Markus; WOLL, Bencie (Eds.). *Sign Languages*: An International Handbook. v. 37. Series Handbooks of Linguistics and Communication Science. Gruyter Mouton, , p. 388-411, 2012.

VALE, J. da S. Entrevista. Em *Corpus* de Libras. Inventário Nacional de Libras. Acervo: Surdos de Referência. ID 1107, 2017. Disponível em: https://*Corpus*libras.ufsc.br/dados/dado/view?id=1107. Acesso em: 06 dez. 2024.

VIDAL, M. V. E. La semántica. In: VIDAL, M. V. E. et. al. *Invitación a la lingüística*. Madrid: Editorial Universitaria Ramón Areces, 2011.

VILHALVA, S. Entrevista. Em *Corpus* de Libras. Inventário Nacional de Libras. Acervo: Surdos de Referência. ID 985, 2017. Disponível em: https://*Corpus*libras.ufsc.br/dados/dado/view?id=985. Acesso em: 06 dez. 2024.

VYGOTSKY, L. S. *Mind in Society. The Development of Higher Psychological Processes*. Cambridge: Harvard University Press, 1978.

WALLIN, L. Compounds in Swedish Sign Language. In: KYLE, J.; WOLL, B. (Eds.). *Language in Sign*. London: Croom Helm, 1983, p. 56-68.

WANDERLEY, D. C. *A classificação dos verbos com concordância da Língua Brasileira de Sinais*: uma análise a partir do SignWriting. Florianópolis, 2017. Tese (Doutorado em Linguística) – Universidade Federal de Santa Catarina.

WILBUR, Ronnie B. Intonation & Focus in American Sign Language. *ESCOL '90 Proceedings of the Seventh Eastern States Conference on Linguistics*, No. & Libucha Eds. Columbus, OH: Ohio State University Press, 1991.

_____. Eyeblinks and ASL Phrase Structure. In: *Sign Language Studies* v. 84, p. 221-240, 1994.

_____. Phonological and Prosodic Layering of Non-manuals in American Sign Language. In: EMMOREY, K.; LANE, H. [(Ed.). *The Signs of Language Revisited*: An Anthology to Honor Ursula Bellugi and Edward Klima. Mahwah, NJ: Erlbaum, p. 215-44, 2000.

BIBLIOGRAFIA

XAVIER, André Nogueira. *Uma ou duas? Eis a questão!* Um estudo do parâmetro número de mãos na produção de sinais da língua brasileira de sinais (Libras). 158 f. Campinas, 2014. Tese (Doutorado em Linguística). Instituto de Estudos da Linguagem, Universidade Estadual de Campinas.

_____. *Descrição fonético-fonológica dos sinais da língua de sinais brasileira (Libras).* São Paulo, 2006. Tese (Doutorado) – Universidade de São Paulo.

_____. *Panorama da variação sociolinguística nas línguas sinalizadas.* Claraboia, v. 12, p. 48-67, 2019.

_____; BARBOSA, Plínio Almeida. Diferentes pronúncias em uma língua não sonora? Um estudo da variação na produção de sinais da Libras. *D.E.L.T.A.*, v. 30, n. 2, p. 371-413, 2014.

_____; BARBOSA, Felipe Venâncio. Variabilidade e estabilidade na produção de sinais da Libras. *Domínios da Lingu@gem*, v. 11, p. 983-1006, 2017.

_____; FERREIRA, D. A iconicidade em processos de formação de sinais em Libras. *Diadorim*, Rio de Janeiro, v. 23, nº 2, 2021.

_____; SILVA, A. Fonética e fonologia na Libras. Em: QUADROS, R. M. de et al. (Orgs.). *Gramática da Libras.* 2023, v. 1, p. 131-174.

_____ et al. Variação fonológica e lexical na Libras. In.: QUADROS, R. M. et al. *Gramática da Libras.* Rio de Janeiro: Editora do Ines, 2023.

Os autores

Ronice Müller de Quadros é professora da Universidade Federal de Santa Catarina. Pesquisadora CNPq-1B. Doutora em Linguística com pós-doutorados na University of Connecticut, na Gallaudet University, na Harvard University e na Humboldt Universität zu Berlin. Coordena o Grupo do *Corpus* de Libras (CNPq). Investiga aspectos gramaticais da Libras e dedica-se às questões que envolvem as políticas linguísticas e os aspectos éticos nas pesquisas com línguas de sinais. É coautora do livro *Libras e surdos: políticas, linguagem e inclusão.*

Rodrigo Nogueira Machado é professor de Linguística do curso de Letras-Libras da Universidade Federal do Ceará. Doutor em Linguística pela Universidade Federal de Alagoas, com doutorado sanduíche (bolsa DAAD, 2021-2022) pela Universidade Humboldt de Berlim (Alemanha), e mestre em Linguística pela Universidade Federal de Santa Catarina. Atua como pesquisador nas seguintes temáticas: estudo sociolinguístico da Libras; interpretação e tradução em línguas de sinais; e Língua de Sinais Internacional (IntSL).

Jair Barbosa da Silva é professor de Linguística do curso de Letras-Libras e do Programa de Pós-graduação em Linguística e Literatura da Universidade Federal de Alagoas. Possui doutorado em Linguística (UFAL) e pós-doutorado em Linguística, com pesquisa em descrição da Libras (UFSC). Tem-se dedicado à descrição da Libras desde 2014, com publicações de artigos nacionais e internacionais, organização de livros e, na pós-graduação, orientado pesquisas, sobretudo de alunos surdos sobre a Libras.

CADASTRE-SE
EM NOSSO SITE,
FIQUE POR DENTRO DAS NOVIDADES
E APROVEITE OS MELHORES DESCONTOS

LIVROS NAS ÁREAS DE:

História | Língua Portuguesa
Educação | Geografia | Comunicação
Relações Internacionais | Ciências Sociais
Formação de professor | Interesse geral

ou
editoracontexto.com.br/newscontexto

Siga a Contexto
nas Redes Sociais:
@editoracontexto

GRÁFICA PAYM
Tel. [11] 4392-3344
paym@graficapaym.com.br